初中級レベル
ロールプレイで学ぶ
ビジネス日本語

―場面に合わせて適切に話そう―

村野節子・山辺真理子・向山陽子 著

スリーエーネットワーク

Published by 3A Corporation.
Trusty Kojimachi Bldg., 2F, 4, Kojimachi 3-Chome, Chiyoda-ku, Tokyo 102-0083, Japan

ISBN978-4-88319-846-7 C0081

First published 2020
Printed in Japan

はじめに

本書は初級の学習が終わった学習者向けのビジネス日本語教科書です。私たちは口頭能力の養成を主眼としたビジネス日本語教科書として、2012年に上級向けの『ロールプレイで学ぶビジネス日本語―グローバル企業でのキャリア構築をめざして』を、2018年に中級向けの『中級レベル ロールプレイで学ぶビジネス日本語―就活から入社まで』を出版しました。その後、日本語学習の早い段階でのビジネス日本語教育に対するニーズが高まってきたため、今回、初中級向けの教材を開発しました。

本書では各課のモデル会話を社内のビジネス場面に設定しました。モデル会話には一般的に初級教科書で扱われている基本的文型だけを使用していますが、語彙についてはビジネス場面でよく使われる未習語も使用しています。そのような語には翻訳を付けてありますが、基本的には翻訳を見なくても文脈から意味が推測できるよう工夫しました。

今までの上級、中級レベルのシリーズ本と同様、口頭運用能力の養成を重視し、各課に話すタスクとしてロールプレイを配置しています。また、復習として複数のロールプレイを組み合わせた総合タスクも作成し、話す練習をする機会ができるだけ多くなるようにしました。

上級、中級レベルの本と異なる点は、「聞くタスク」と語用論に関連する「応用タスク」があることです。

コミュニケーションとは話し手と聞き手との間の情報のやり取りですから、初中級レベルでは話す能力だけでなく聞く能力の養成も重要です。そのため、モデル会話のプレタスクという位置づけで聴解のタスクを取り入れました。

また、コミュニケーションにおいては相手との関係性が非常に重要です。日本語母語話者は常に自分と相手との関係を考えて表現を選びます。つまり、語用論的に適切な表現を選んで使い分けています。本書では、学習者にそのような使い分けを意識させるために、語用論的観点を取り入れて作成した応用タスクを各課に配置しました。この点が本書の大きな特徴です。なお、練習問題においても、語用論的気づきを与えられる文をできるだけ多く使うようにしました。

本書は以上のような方針で編集しました。本書を使用することによって、初中級レベルの学習者がビジネス場面で使える日本語能力を身に付けられることを、著者一同強く願っています。最後になりましたが、本書の企画から出版に至るまでの間に、様々な助言をしてくださった株式会社スリーエーネットワークの中川祐穂さん、佐野智子さんに心から感謝申し上げます。

2020年3月

著者一同

目次

本書の構成

◆全体の構成

本書は14課で構成されていますが、全体が日本の会社に勤務する外国人新入社員を主人公にした一つのストーリーになっています。年度の始まりの4月から翌年3月までの1年間に、主人公が経験する社内での出来事をモデル会話にしました。ストーリーが始まる4月と最後の3月はそれぞれ2課分の話になっていますが、その他の課はすべて月ごとに話が展開します。

モデル会話は、お盆、忘年会、正月、転勤のような日本の社会・文化・習慣と、それに関連する社内での出来事を組み合わせてあります。このようにすることで、学習者がビジネス場面での会話だけでなく、日本事情も併せて理解できるようにしました。

ビジネス日本語というと敬語の使い方が重要だと考える方が多いと思いますが、本書では丁寧体と普通体が適切に使い分けられることを重視しています。そのため、敬語表現は非常に基本的なものしか使用していません。本書は、初級終了レベルの学習者が職場で仕事をする上で、相手に失礼のないコミュニケーションができること、言い換えれば、必要最小限のビジネス日本語を身に付けることを目指しています。

そのような能力を養成するために、それぞれの課に、「聞くタスク」、「モデル会話」、「練習問題」、「話すタスク」、「応用タスク」を、また、数課ごとに復習として「総合タスク」を入れました。

学習者が自律的に学習を進めるためには、学習の達成度を自らがメタ的に把握することが重要です。そのためにCan-doチェックリストを前半（7課の後）と後半（14課の後）に分けて入れました。また、学習の手助けとなるよう、巻末に敬語表と索引を付けました。

＊漢字については、N2レベル以上と思われる漢字は基本的にひらがなにしましたが、漢字で提示した方がよいと思われる語にはルビを付けて対応しました。

◆各課の構成

聞くタスク

モデル会話の状況、背景を学習者が理解するためのタスクです。モデル会話の学習のプレタスクと位置づけていますが、聴解能力の養成も狙っています。

モデル会話

課長、先輩、同期の人との社内でのやり取りを短いモデル会話として提示しました。初中級レベルの学習者向けの教材なので、主に社内での上下関係、対等な関係のコミュニケーションに焦点を当てています。

「聞くタスク」「モデル会話」および「応用タスク」の一部の音声は以下のウェブサイトで聞くことができます。

https://www.3anet.co.jp/np/books/4008/

練習問題

モデル会話の中で使われている文型・表現のうち、運用できるようになってほしいものを、基本的に各課四つずつ取り上げました。使い方が分かる例文一つと、文型・表現に応じて短文完成問題、空所補充問題、選択問題などを4問程度付けました。例文と問題はビジネス場面での使用を意識した内容にしました。

話すタスク

口頭能力の養成を重視し、各課にロールプレイを三つ入れました。ロールプレイ1はモデル会話を基にしたものです。表現を定着させることを目的とし、ロールプレイカード内に学習者に使ってほしい表現を提示しました。ロールプレイ2、3は応用的な要素を少し加えたロールプレイです。多少難易度が上がるため、難しい語には訳を付けました。少しだけ難しいロールプレイにチャレンジすることで、現在のレベルより上の口頭能力を身に付けることを意図しています。

応用タスク

相手との関係性を考えて適切な表現を使い分けることを意識化させるためのタスクです。その課のモデル会話と関連のあるものもあれば、そうではないものもあります。親疎・上下・ウチソトなど様々な関係がありますが、初中級レベルの学習者にそれらの組み合わせをすべて提示することはできません。そのため、主に社内での関係を扱っています。応用タスクでは運用能力を身に付けさせるというよりは、常に相手との関係性を考えながら適切な表現を使うことの重要性を認識させることを目指しています。

◆総合タスク

運用能力を養成するためには繰り返し練習をすることが重要です。復習のために1課～4課、5課～7課、8課～10課、11課～14課、それぞれの範囲の後に総合的なロールプレイを三つ（8課～10課は二つ）入れました。複数の課で学習した項目を組み合わせて使う必要があるロールプレイで、一連のロールプレイが一つのストーリーになっています。ストーリーになっていることで状況がより明確になります。このような発話の自由度が高いロールプレイをすることによって、口頭能力の向上が期待できます。

◆Can-doチェックリスト

7課の後と14課の後にCan-doチェックリストを入れました。前半のリストには1課から7課までの学習項目が入っています。後半のリストには1課から14課までの全ての学習項目が入っています。前半終了時、後半終了時に学習者が自身の到達度を自己評価できるようにしました。後半のリストに1課から7課までの項目が入っているのは、前半の学習項目の定着度を再確認するためです。このリストは各課を学習する前に、その課の目標を確認するツールとしても活用できます。また、全体のCan-doチェックリストを参照することで、この教科書がどのような能力の養成を目指しているのか、その目標を把握できます。

◆巻末

敬語表

本書では全体を通して普通体と丁寧体の使い分けを重視し、敬語は最低限必要なもの（いらっしゃる、いただくなど）だけを使うようにしました。巻末の敬語表は参考のために示しています。

索引

ビジネス場面で使用されるほとんどの語彙は、初中級レベルの学習項目ではありません。本書では、そのような語彙の中で使用頻度が高く、知っておいた方がよい語を理解語彙として使用しています。それらの語には初出の課で訳を付けています。教科書内で繰り返し出てくる語もありますが、二度目以降には訳を付けていません。そのため、意味を確認したい学習者の利便性のために索引を付けました。

◆別冊

解答例

選択問題には解答を、空所補充問題、短文完成問題には解答例を示しました。

聞くタスク　スクリプト

聞くタスクの文型や語彙はできるだけわかりやすいものを使うようにしましたが、初中級レベルの学習者にとって聴解は難しいタスクです。的確に聞き取れない学習者にはスクリプトを見ながら聞かせてもよいでしょう。音、文字、意味の結び付けが効果的に促進されます。

Structure of this Textbook

◆Overall Structure

Although this textbook is composed of 14 lessons, the whole textbook is a single story about a foreign employee who newly enters and works for a Japanese company. The protagonist experiences many events at the company during its financial year, from April to March of the following year, and these events become model conversations in the textbook. April and March, when the story begins and ends, have two lessons each, and there is one lesson for each other month in the year.

The model conversations combine Japanese society, culture, and customs, such as the Obon festival, year-end party, New Year's, being transferred to another company office, and related intra-company events. By doing so, students can understand not just business conversations, but also regular Japanese situations.

Many people think that the use of honorific speech is important when it comes to business Japanese, but this textbook emphasizes the proper use of polite and normal speech. As such, this textbook uses only very basic honorific expressions. The aim of this textbook is to enable beginner-level students to communicate with others at the workplace, while working, and without being rude, or, in other words, to acquire the minimum necessary business Japanese.

In order to develop such ability, each lesson has "Listening Tasks," "Model Conversations," "Practice Problems," "Speaking Tasks," and "Applied Tasks," in addition to "Comprehensive Tasks" every few lessons as a review.

In order for students to learn independently, it is important for them to grasp and be aware of their own level of achievement. As such, the Can-do Checklist was divided into the first half of the textbook (after Lesson 7) and the second half of the textbook (after Lesson 14). In addition, a table of honorific speech and an index have been added at the end of the book to assist in learning.

*Regarding kanji, hiragana will predominantly be used to write out kanji that are considered to be at the N2 level or higher, but words that are best presented in kanji are written in kanji with hiragana readings above them.

◆Structure of Each Lesson

Listening Tasks

Listening tasks are for students to understand the model conversation's situation and background. They are positioned as a pre-task for learning the model conversations, but are also intended to develop listening comprehension skills.

Model Conversations

Short, intra-company exchanges with colleagues, senior employees, and section managers are presented as model conversations. The model conversations are materials intended for beginner and intermediate students, so they primarily focus on intra-company communication between seniors/ juniors and on communication between equals.

Some of the audio for the "Listening Tasks," "Model Conversations" and "Applied Tasks" can be heard on the following website:

https://www.3anet.co.jp/np/books/4008/

Practice Problems

Generally speaking, for each lesson there are 4 sentence patterns / expressions from the model conversation that students should be able to use. One example sentence shows how to use the sentence pattern / expression, and then, depending on the sentence pattern / expression, there are about four practice problems, such as short sentence completion questions, fill-in-the-blank questions, or multiple choice questions. The content in the example sentences and problems was made to be used in business situations.

Speaking Tasks

Emphasis is placed on developing oral proficiency, and each section has three role-playing exercises. Role-play 1 is based on the model conversation. It aims to have students remember the expressions, and the role-play card presents the expressions that students should use. Role-play 2 and 3 are role-plays with a little bit of an applied element added in. There is slightly increased difficulty in these role-plays, so difficult words are translated. The intent is that students will develop oral proficiency above their current level by taking on the challenge of these slightly more difficult role-plays.

Applied Tasks

These tasks raise awareness of considering one's relationship with conversation partners and then using appropriate expressions. Some of them are relevant to the model conversation in the lesson, and others are not. Although there are various relationships presented, such as close/not close, senior/junior, and in-group/out-group, it is not possible to present all possible combinations of these relationships to beginner and intermediate level students. As such, this textbook mainly deals with intra-company relationships. The Applied Tasks, rather than improving students' language proficiency, are aimed at making them aware of always considering their relationship with conversation partners and then using appropriate expressions.

◆Comprehensive Tasks

Repeated practice is important for developing language proficiency, so three comprehensive role-plays for review are included after Lessons 1-4, Lessons 5-7, Lessons 8-10 (only two role-plays), and Lessons 11-14. These role-plays require the use of a combination of things learned across multiple lessons, and each series of role-plays makes up a single story; putting the role-plays in a story format makes the situations clearer and easier to understand. Improvements in speaking ability can be expected when students perform the role-plays with a high degree of oral proficiency.

◆Can-do Checklist

The Can-do Checklists are included after Lesson 7 and Lesson 14. The Checklist for the first half covers items from Lessons 1 to 7, and the Checklist for the second half covers all items from lessons 1 to 14. Students can use the Checklists to perform a self-evaluation of their achievements when they finish the first and second halves of the textbook. The Checklist for the second half also contains items from Lessons 1 to 7 so that students can reconfirm that they retained all of the items from the first half. These Checklists can also be used as a tool to check the goals of each Lesson before studying it. Additionally, students can refer to the overall Checklist and understand what kinds of abilities this textbook is aimed at developing.

◆End of the Textbook

Table of Honorific Speech

Throughout the textbook, the proper use of normal and polite speech is emphasized, and honorific speech (いらっしゃる, いただく, etc.) is used only as necessary. The table of honorific speech at the end of the book is shown for reference.

Index

Most of the vocabulary used in business situations are not beginner and intermediate level items. This textbook takes some of those words that are frequently used, or words that should be known, and uses them as comprehension vocabulary. A translation for these words is given in the first lesson in which they appear. Some of the words appear repeatedly throughout the textbook, but are not translated on the second or subsequent appearances. For this reason, they are included in the index for the convenience of students who wish to check the meaning.

◆Supplement

Example Answers

Answers are shown for multiple choice questions, and example answers are given for fill-in-the-blank questions and short sentence completion questions.

Listening Task Scripts

Although the sentence patterns and vocabulary of the listening tasks are as simple as possible, listening is a difficult task for beginner and intermediate learners. Students who have trouble accurately hearing the listening tasks may look at the scripts while they listen. This effectively promotes the connections between sounds, characters, and meanings.

本书的构成

◆全体构成

本书由14课构成，整体是一个连贯的故事，主人公为一名在日本公司上班的外籍新员工。标准会话设定为从新年度开始的4月至第二年3月为止的一年中，主人公在公司所经历的各种事情。故事开始的4月和最后结束的3月各两课，其他内容展开均为每月一课。

标准会话编有像盂兰盆节、忘年会、正月、工作调动等这些日本社会、文化、习惯方面的内容，以及与此相关的公司内所发生的事情。由于这样的构成，学习者不仅可以学习商务场面的交谈，还可以同时了解到日本的社会情况。

提到商务日语，认为敬语的使用方法非常重要的人比较多。本书非常重视能够正确地区分使用礼貌体和普通体。因此，敬语表现只使用了一些非常基本的表现。本书所设目标是，学完初级水平的学习者在职场工作时，可以使用不失礼貌的语言与对方进行沟通，也就是说掌握最为基础的商务日语。

为了培养这种能力，各课分别包括有“听力任务”、“标准会话”、“练习问题”、“口语任务”、“应用任务”部分，并且每隔几课就编有一次“综合任务”来进行复习。

为了学习者能够自主地推进学习，本人准确地把握自己的学习到达程度非常重要。为此，分别在前半部分（第7课后）和后半部分（第14课后）刊载有Can-do检测表。另外，为了有助于学习，卷末还附有敬语表和索引。

＊关于汉字，被认为是N2水平以上的汉字基本上都使用平假名，凡认为用汉字表示为好的词汇则标有注音假名。

◆各课的构成

听力任务

这是为使学习者理解标准会话所设定的情况、背景的任务。虽把这一听力任务视为标准会话之前必须学习的任务，但培养听解能力也是目的之一。

标准会话

把在公司内部与科长、前辈、同期进公司的同事之间的交谈，以简短的标准会话模式加以表现。由于这是面向初中级水平学习者的教材，因此重点放在公司内部上下级、对等关系的交流上。

“听力任务”“标准会话”以及“应用任务”的一部分音声可以在以下网页收听。

https://www.3anet.co.jp/np/books/4008/

练习问题

标准会话使用的句型和表现中，希望能够加以活用的内容，基本上为每课4题。包括有教授使用方法的1个例句，以及对应句型、表现所设定的短句完成题、填空题、选择题等4个问题。例句和问题都特意采用了商务场面所使用的内容。

口语任务

重视口语能力的培养，每课包括有三个角色扮演。角色扮演1基于标准会话的内容。为了让学习者能够牢固掌握表现的使用方法，在角色扮演卡中对希望学习者使用的表现进行了提示。角色扮演2、3是加入了一些应用成分的角色扮演。由于难度稍有提高，所以对于比较难懂的词汇均附加了译文。其意图是通过挑战稍难的角色扮演，使学习者掌握高于现有水平的口语能力。

应用任务

这项任务是为了使学习者能够有意识地根据自己与对方的关系来选择确切的表现。既有与该课标准会话有关的内容，也有无关的内容。虽有着亲疏、上下、内外等各种各样的关系，但对初中级学习者来说，则无法将这些关系编组全部演示。因此，应用的主要是在公司内部的关系。应用任务的目标与其说是为了掌握运用能力，不如说是为了使学习者认识到要经常一边考虑与对方的关系，一边选择确切表现的重要性。

◆综合任务

为了培养运用能力，反复进行练习是非常重要的。因而分别在第1-4课，第5-7课，第8-10课，第11-14课的范围之后，刊载有三个（第8-10课两个）综合性的角色扮演来进行复习。这是需要与在复数课学过的项目配合使用的角色扮演，这一系列的角色扮演构成为同一个故事。由于综合任务出现的角色扮演话题是连续的，所以状况更为明确。可以期待通过这种会话自由程度较高的角色扮演来提高口语能力。

◆Can-do检测表

第7课和第14课之后附有Can-do检测表。前半部分的检测表中包括有第1课至第7课的学习项目。后半部分的检测表包括有从第1课至第14课的所有学习项目。前半部分和后半部分结束时，学习者可以自己来检测自身的学习到达程度。后半部分检测表刊载有第1课至第7课的学习项目，是为了再次确认前半部分学习项目的掌握程度。这一检测表也可以在各课学习之前，作为确认该课学习目标的工具加以利用。另外，参照整体的Can-do检测表，即可以把握本教科书是以培养什么样的能力为目标的。

◆卷末

敬语表

本书全书都十分重视普通体和礼貌体的区别使用，敬语只使用了最低限度所需部分（如いらっしゃる、いただく等）。卷末附有敬语表以供参考。

索引

在商务场面使用的大部分词汇都不是初中级水平的学习项目。对此类词汇中使用频率较高的，应该让大家记住为好的用语，本书是作为理解词汇使用的。此类词汇在初次出现的课中附有译文。也有些词汇是在教科书中反复出现的，从第二次出现起就不再附加译文了。因此，为方便想要查找词汇意思的学习者，卷末附有索引。

◆附录

解答例

刊载有选择问题的答案以及填空问题、短句完成问题的解答例。

听力任务　脚本

听力任务尽可能使用了简单易懂的句型和词汇，不过对于初中级水平的学习者来说，听解是个难易度较高的任务。对于重要的部分不能听得很准确的学习者，可以让他们一边看脚本，一边听。这样可以有效地促进声音、文字和意思的结合。

Cấu trúc sách

◆Cấu trúc tổng thể

Cuốn sách bao gồm 14 bài, tổng thể nói về câu chuyện mà nhân vật chính là một nhân viên người ngoại quốc đang làm việc tại một công ty Nhật. Cuốn sách mô phỏng lại những cuộc hội thoại mà nhân vật chính đã trải qua từ khi bắt đầu làm việc từ tháng 4 năm nay cho tới tháng 3 năm sau. Câu chuyện hàng tháng được kể lại 1 tháng 1 bài, riêng tháng 4 lúc mới vào công ty và tháng 3 lúc kết thúc được kể lại bằng 2 bài học mỗi tháng.

Bài hội thoại mẫu được dựng lên theo những chuyện đã xảy ra trong công ty mà liên quan đến tập quán, văn hóa, lối sống dựa theo những sự kiên trong công ty như lễ Obon, tiệc tất niên, ngày tết, chuyển công tác. Bằng cách này, đọc giả không những hiểu rõ hơn không chỉ về tình huống kinh doanh mà cả những tình huống của xã hội Nhật Bản.

Nhiều bạn đọc nghĩ rằng nói đến tiếng Nhật business thì cách dùng từ kính ngữ là quan trọng nhưng, cuốn sách này chúng tôi tập trung hướng dẫn cách sử dụng thích hợp thể bình thường và thể lịch sự. Do đó, chỉ sử dụng những từ ngữ lịch sự cơ bản thể hiện trong tình huống. Cuốn sách này giúp đỡ những bạn đã kết thúc khóa học sơ cấp có thể giao tiếp mà không gây thất lễ với đối phương, nói một cách khác là giúp cho bạn đọc có thể giao tiếp tiếng Nhật business một cách tối thiểu nhất.

Để có thể bồi dưỡng được khả năng đó chúng tôi đã thêm vào trong từng bài học những「bài tập nghe」,「bài hội thoại mẫu」,「bài luyện tập」,「bài tập nói」,「bài tập vận dụng」và thêm vào rất nhiều「bài tập tổng hợp」khác.

Đối với bạn học việc tự học và nắm bắt được tiến độ học tập của bản thân là rất quan trọng. Vì vậy, chúng tôi đã thêm vào list kiểm tra Can-do vào phần trước (sau bài 7) và phần sau (sau bài 14). Hơn nữa để giúp bạn học dễ dàng tìm kiếm chúng tôi đã thêm vào cuối sách bảng từ vựng kính ngữ và phụ lục.

＊Về những hán tự khó ở trình độ N2 trở lên cơ bản đã được chuyển thành hiragana, tuy nhiên những từ nên để ở hán tự thì chúng tôi có ghi kèm phiên âm hiragana.

◆Cấu trúc các bài học

Bài tập nghe

Bài tập để các bạn học có thể hiểu rõ được tình huống, bối cảnh của bài hội thoại mẫu. Mục đích chính không chỉ luyện tập theo các bài hội thoại mẫu mà còn nhắm tới tăng khả năng nghe hiểu của bạn học.

Bài hội thoại mẫu

Những câu chuyện của nhân vật chính với đồng nghiệp, tiền bối, trưởng phòng được chúng tôi đưa vào theo những mẫu hội thoại ngắn. Vì là tài liệu hướng tới những người học trình độ sơ,trung cấp tiếng Nhật cho lên chủ yếu nói giao tiếp giữa cấp trên cấp dưới hoặc đồng nghiệp trong công ty.

Một phần các file tiếng trong các bài tập nghe, bài hội thoại mẫu và bài tập vận dụng có thể nghe được ở đường link dưới đây.

https://www.3anet.co.jp/np/books/4008/

Bài luyện tập

Chúng tôi đưa vào bài luyện tập 4 mẫu câu, cấu trúc cơ bản, cụ thể là những mẫu câu, cấu trúc được sử dụng trong các bài hội thoại mẫu. Trong đó, chúng tôi đưa vào 1 câu ví dụ để người học hiểu cách làm và 4 câu hỏi bao gồm hoàn thành câu văn ngắn, điền vào chỗ trống và chọn đáp án đúng trong các đáp án đưa ra. Câu ví dụ và câu hỏi đều được sử dụng trong các tình huống trong kinh doanh.

Bài tập nói

Chúng tôi tập chung vào phát triển kỹ năng nói cho bạn học bằng cách đưa vào mỗi bài 3 vai trò. Với mục đích giúp bạn học ứng dụng vào thực tiễn chúng tôi đã đưa vào những mẫu câu muốn bạn học sử dụng. Vai trò 2,3 thêm vào một chút yếu tố thực hành. Vì độ khó có một chút tăng lên nên những từ khó sẽ được phiên dịch. Bằng việc thử thách ở mức độ khó hơn này chúng tôi muốn giúp bạn học tăng khả năng nói hơn so với hiện tại.

Bài tập vận dụng

Đây là bài tập để nâng cao nhận thức về việc sử dụng nhuần nhuyễn từ ngữ phù hợp với hoàn cảnh đối tượng. Có thể có những phần liên quan đến bài hội thoại mẫu hoặc không. Có thể liên quan đến các mối quan hệ thân thiết, cấp trên cấp dưới, với những người xung quanh nhưng vì đối tượng sử dụng sách ở đây là những bạn học ở mức độ sơ, trung cấp nên chúng tôi không sẽ không đưa ra tất cả. Vì lý do đó, chúng tôi chủ yếu nói về mối quan hệ trong công ty. Mục đích của bài tập vận dụng là giúp bạn học hiểu rõ tính quan trọng của việc vừa suy nghĩ rõ ràng quan hệ với đối phương để sử dụng từ ngữ một cách thích hợp.

◆Bài tập tổng hợp

Để tăng khả năng vận dụng thì luyện tập nhiều lần là điều rất quan trọng. Với mục đích giúp bạn học ôn tập, chúng tôi đưa vào 3 vai trò tổng hợp sau các bài 1 đến 4, bài 5 đến 7, bài 8 đến 10, bài 11 đến 14 (riêng bài 8 đến 10 chỉ có 2 vai trò). Vì mỗi vai trò cần được sử dụng kết hợp với các mục đã học trong nhiều bài nên những vai trò đó liên kết với nhau tạo thành một câu chuyện.Nếu bạn học học theo một câu chuyện thì sẽ hiểu rõ ràng hơn.Dựa theo cách cho các bạn học nhập vai vào các tình huống như vậy có thể cải thiện khả năng nói.

◆List kiểm tra Can-do

List kiểm tra can-do sẽ được đưa vào cuối bài 7 và cuối bài 14. Nửa đầu mục lục từ bài 1 đến bài 7 sẽ có các mục học tập. Nửa cuối mục lục từ bài 1 đến bài 14 tất cả sẽ có mục học tập. Kết thúc mỗi phần trước và sau sẽ có mục đánh giá kết quả học tập của bản thân. Các mục có từ bài 1 đến bài 7 trong nửa sau của list kiểm tra là để các bạn xác nhận lại một lần nữa chắc chắn các mục mà đã học ở phần đầu.List kiểm tra này như là công cụ để các bạn sử dụng kiểm tra mục tiêu của mỗi bài học mà các bạn đặt ra trước đó. Bạn cũng có thể tham khảo toàn bộ list kiểm tra Can-do để hiểu rõ hơn chức năng mà sách giao khoa này hướng đến phát triển cho bạn những gì.

◆Cuối sách

Bảng kính ngữ

Cuốn sách chú trọng việc sử dụng đúng cách thể bình thường và thể lịch sự, ngoài ra giúp bạn học có thể sử dụng những thể kính ngữ tối thiểu (ví dụ như いらっしゃる, いただく). Đính kèm bảng kính ngữ ở cuối sách để bạn học có thể tham khảo.

Phụ lục

Hầu hết những từ vựng được sử dụng trong các tình huống hội thoại business không nằm trong mục học tập trình độ sơ, trung cấp. Trong cuốn sách này, những từ ngữ như vậy được sử dụng nhiều lần giúp các bạn làm quen sớm, cũng như học trước những từ đó thì sẽ tốt hơn. Những từ ngữ đó xuất hiện lần đầu tiên trong bài học thì sẽ có đình kèm từ phiên dịch. Trong cuốn sách này sẽ có nhiều từ ngữ như vậy lặp đi lặp lại, những từ vựng lặp lại lần thứ hai sẽ không có phiên dịch đính kèm. Vì vậy, để thuận tiện cho bạn học kiểm tra lại nghĩa của từ vựng nên chúng tôi đính kèm phụ lục vào cuối sách.

◆Phần riêng

Đáp án ví dụ

Các ví dụ về câu trả lời được đưa vào những câu hỏi trắc nghiệm, điền vào chỗ trống, hoàn thành câu văn ngắn.

Kịch bản bài tập nghe

Tuy chúng tôi cố gắng sử dụng những từ vựng, mẫu ngữ pháp dễ sử dụng trong các bài luyện nghe nhưng đối với bạn học trình độ sơ, trung cấp vẫn là bài tập khó. Đối với những bạn học không nghe rõ có thể vừa nhìn kịch bản vừa nghe chắc chắn sẽ dễ dàng hơn. Chúng tôi nghĩ bạn học sẽ có hiểu quả khi có âm thanh, chữ và hiểu ý nghĩa.

本書で教える先生方へ

学習者の日本語能力レベルやクラスサイズによって様々な使い方ができます。基本的には大学などの教育機関の授業回数に合わせ、週1回（90分）、15回、半年間のクラス学習での使用を想定しています。話すタスクのロールプレイを何度も練習したり、応用タスクにじっくり取り組む授業であれば1年間の使用も可能です。次に示す基本的な90分の授業展開例を参考に、各教育現場の状況に合わせて工夫してください。

クラス授業（90分）の場合

時間	テキスト該当部分	学習者がすること	教師がすること
授業前（予習）	場面イラスト <聞くタスク>のことば	・イラストを見て場面を想像する。 ・<聞くタスク>のことばの読み方と意味を確認する。 ・練習問題に目を通し、使われていることばの意味を確認する。	
5分	導入		<聞くタスク>のことばの読み方と意味を確認する。（音声で聞いてわかるように）
10分	聞くタスク	音声を聞いて問題に答える。	・学生の理解度に合わせ、音声を1-2回聞かせる。 ・問題の答え合わせをし、質問に答える。 ・聞きとれていない所がある場合は、再度音声を聞かせる。
10分	モデル会話	・モデル会話を聞いて理解する。 ・モデル会話を再生できるように練習する。	・拍、アクセント、イントネーション、スピード、間の取り方などを意識させる。 ・クラス全体を2分割し、それぞれ役割に分かれて発話練習をさせる。 ・会話がスムーズに再生できない場合は、さらにペアで練習してもよい。
15分	練習問題	・例を見て、発話したり、解答を記入したりする。 ・ことばの説明を見てもよい。（巻末に索引もある） ・教師の指示に従い、答えを発表する。 ・不明点、疑問点について質問する。	・各課に四つの文型・表現の練習問題がある。まず学生に考えさせた後に発表させる。 ・正解は一つではないので、学生の解答を聞いて、不適切な場合は修正する。 ・学生のレベルによっては予習で問題を解いてくるよう指示し、質問を受けるのみでもよい。

<table>
<tr><td rowspan="2">10分</td><td>話すタスク
ロールプレイ1</td><td>カードの指示に沿ってペアで練習をする。</td><td>・教室内を回りながら、練習状況を見守る。
・モデル会話と全く同じ必要はないが、表現を適切に使っていないペアにはアドバイスをする。</td></tr>
<tr><td>ロールプレイ1の発表</td><td>数組
ペア練習とは違う組み合わせで行う。</td><td>・発表は、ペア練習とは違う組み合わせで行う。
・基本表現ができているか、発表者の発話がかみ合っていたかについて、学生からコメントを求め気付きを促す。</td></tr>
<tr><td rowspan="2">10分</td><td>話すタスク
ロールプレイ2</td><td>・ロールプレイを行う前にカードを読んで不明点、疑問点を明確にする。
・カードの指示に沿ってペアで練習をする。</td><td>・ロールプレイで要求されているタスクを理解しているか、状況や内容を確認する。
・教室内を回りながら、練習状況を見守る。表現を適切に使っていないペア、話がかみ合っていないペアにはアドバイスをする。</td></tr>
<tr><td>ロールプレイ2の発表</td><td>数組
ペア練習とは違う組み合わせで行う。</td><td>・発表は、ペア練習とは違う組み合わせで行う。
・基本表現ができているか、発表者の発話がかみ合っていたかについて、学生からコメントを求め気付きを促す。</td></tr>
<tr><td rowspan="2">15分</td><td>話すタスク
ロールプレイ3</td><td>・ロールプレイを行う前にカードを読んで不明点、疑問点を明確にする。
・カードの指示に沿ってペアで練習をする。</td><td>・ロールプレイで要求されているタスクを理解しているか、状況や内容を確認する。
・教室内を回りながら、練習状況を見守る。タスクの状況を理解しないで練習を進めていたり、会話の展開に行き詰まっていたりするペアには再度タスクの内容を確認させ、どのような発話がよいのか気付かせるようなアドバイスする。</td></tr>
<tr><td>ロールプレイ3の発表</td><td>数組
ペア練習とは違う組み合わせで行う。</td><td>・発表は、ペア練習とは違う組み合わせで行う。
・ロールプレイ3は応用の部分が多いので、様々な会話展開が出てくる可能性がある。
・教師は、①会話展開の適切さ、②表現の適切さについてコメントする。また学生からの意見を聞き出し、会話展開の多様性に気付かせる。</td></tr>
<tr><td>10分</td><td>応用タスク</td><td>・タスクを行う前に不明点、疑問点を明確にする。
・タスクの指示に従って、個人またはグループ作業を行う。</td><td>・タスクの状況、ポイントを確認する。話し手と聞き手との関係に注意を向けるよう促す。
・クラスレベルに合わせて使用方法を検討する。
・時間が足りないときは授業外の宿題にし、次の授業で確認する。</td></tr>
<tr><td>5分</td><td colspan="3">まとめ</td></tr>
<tr><td>授業後</td><td></td><td>・音声を聞き、音読練習をする。拍、イントネーション、スピード、間の取り方などを意識し、滑らかに発話できるように練習を重ねる。
・自然な発音を身に付けるために、毎日シャドーイングをする。
・応用タスクの復習をする。</td><td></td></tr>
</table>

YMYソリューションズ会社概要

YMY(ワイエムワイ)ソリューションズは、ネットワークの設計、構築、運用保守を中心に、ITに関する事業を総合的に行う400人の会社です。東京本社のほかに、大阪支店、仙台支店があります。

YMYソリューションズでは、国内の人材不足から、外国人エンジニアを積極的に採用しています。中国、フィリピン出身の社員がいます。最近はベトナムとの取引が増えてきているため、今年はベトナム人を初めて採用することにしました。採用担当者がベトナムで優秀な人材を探した結果、少し日本語がわかるファン・バン・ダットさんをITサービス課のシステムエンジニアとして採用しました。

YMY Solutions Company Profile

YMY Solutions is a 400-person company providing comprehensive IT-related services, with a focus on the design, construction, operation, and maintenance of networks. In addition to the head office in Tokyo, there are branch offices in Osaka and Sendai.

YMY Solutions is actively recruiting foreign engineers due to a shortage of workers in Japan. The company currently has employees from China and the Philippines on staff. Business with Vietnam has been increasing recently, so this year YMY Solutions decided to hire its first Vietnamese employee. The recruiter searched for excellent potential recruits in Vietnam, and, as a result, Phan Van Dat, who understands a little Japanese, was hired as a systems engineer in the IT Services Section.

YMY SOLUTIONS公司概要

YMY SOLUTIONS是一家经营与IT有关事业的综合性公司，业务以网络设计、构筑、运用保养为中心，拥有员工400名。除东京总公司之外，还设有大阪分公司和仙台分公司。

因为国内人才不足，在YMY SOLUTIONS公司，对外籍工程师的聘用非常积极，公司内有中国、菲律宾出身的员工。由于最近与越南的交易逐渐增加，因而今年决定首次聘用越南人。负责招聘工作的人在越南寻觅优秀人才的结果，聘用了略懂日语的Phan Van Dat（潘文达）先生任公司IT服务科的系统工程师。

Tổng quan về công ty Solutions YMY

Công ty Solutions YMY là công ty có 400 nhân viên, hiện đang kinh doanh tất cả lĩnh vực liên quan đến IT, công việc chính là vận hành, bảo trì, xây dựng và lắp đặt mạng. Ngoài trụ sở chính của công ty ở TOKYO thì công ty còn có các chi nhánh tại OSAKA, SENDAI.

Công ty Solutions YMY vì lý do thiếu nhân sự trong nước nên hiện đang tích cực tuyển dụng kỹ sự nước ngoài. Công ty hiện có nhân viên người Trung Quốc và Philippines. Gần đây, công ty có nhiều công việc lên quan đến Việt Nam nên năm nay công ty lần đầu tiên quyệt định tuyển nhân viên người Việt Nam. Nhân viên tuyển dụng sau khi tìm kiếm người Việt ưu tú tại Việt nam đã quyết định tuyển dụng Phan Văn Đạt hiểu một chút tiếng Nhật, làm kỹ sư hệt thống IT phòng dịch vụ hỗ trợ khách hàng.

YMYソリューションズ組織図(そしきず)

YMY Solutions Organization Chart
YMY SOLUTIONS 公司组织机构图
Sơ đồ tổng quan về công ty YMY

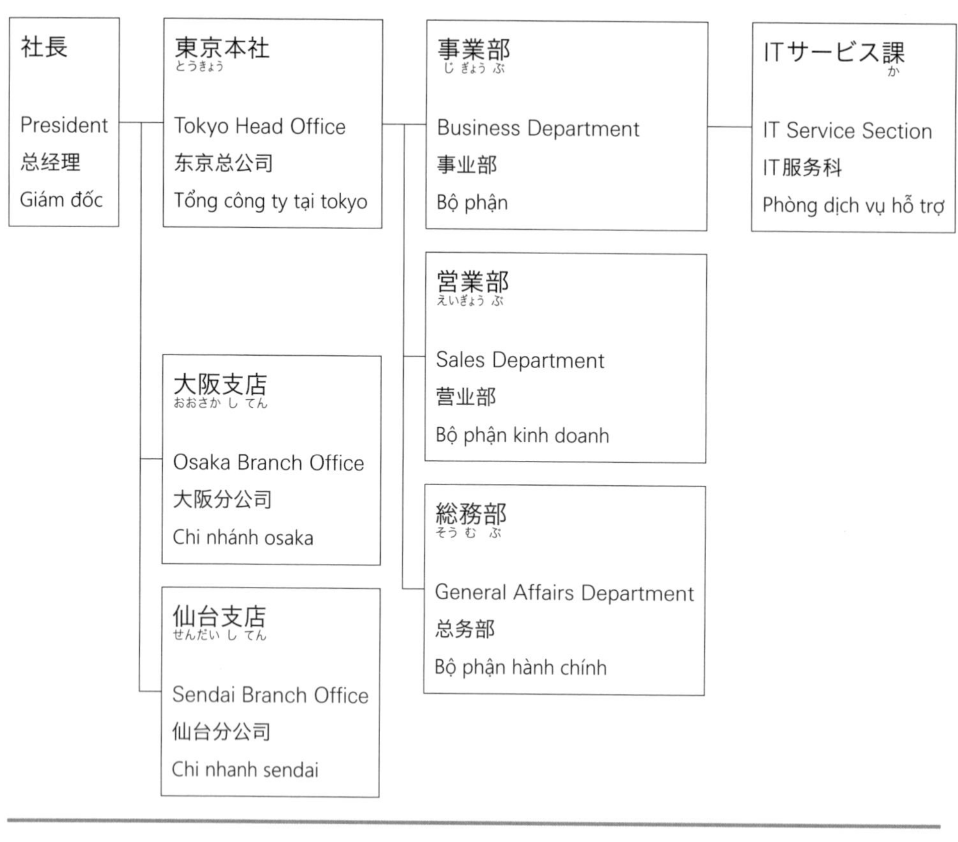

取引先(とりひきさき)

Clients
客户
Đối tác kinh doanh

小林商会(こばやししょうかい)

主な登場人物

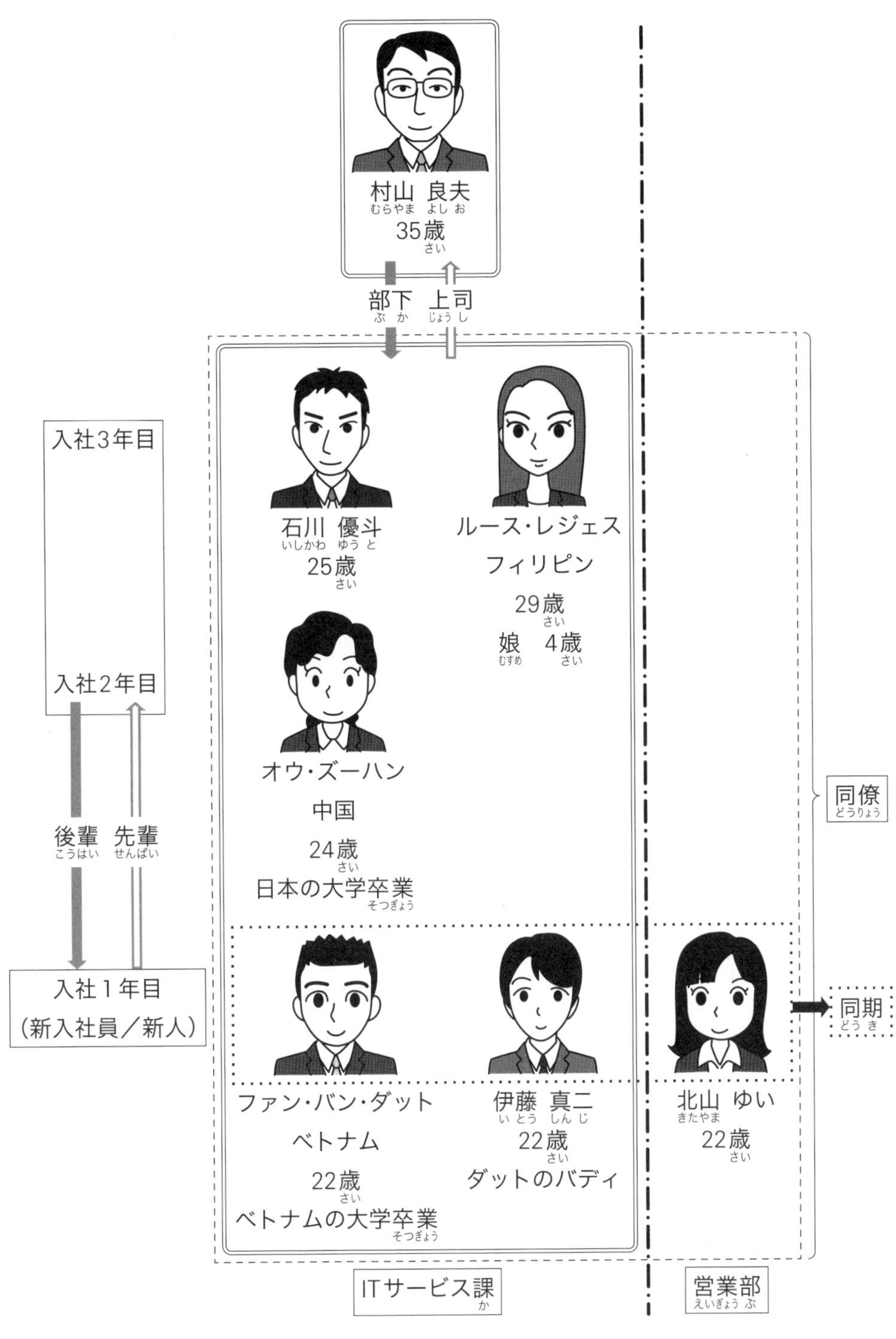

村山 良夫
35歳
部下
上司
石川 優斗
25歳
ルース・レジェス
フィリピン
29歳
娘 4歳
オウ・ズーハン
中国
24歳
日本の大学卒業
ファン・バン・ダット
ベトナム
22歳
ベトナムの大学卒業
伊藤 真二
22歳
ダットのバディ
北山 ゆい
22歳
入社3年目
入社2年目
後輩
先輩
入社1年目
(新入社員/新人)
同僚
同期
ITサービス課
営業部

4月

1課(か) 新任(しんにん)のあいさつ

聞くタスク 01

正しいものに○をつけてください。

(1)	①	②	③
(2)	①	②	③
(3)	①	②	③

新任(しんにん):newly-appointed position ／就任／ chức vụ mới

IT(アイティー):IT ／ IT(互联网技术)／ công nghệ

企業(きぎょう):company ／企业／ công ty, doanh nghiệp

自己紹介(じこしょうかい):self-introduction ／自我介绍／ giới thiệu bản thân

インターネット:Internet ／互联网、因特网／ mạng internet

モデル会話 02

村山課長 …… みなさん、ファン・バン・ダットさんです。
ダットさん、自己紹介をお願いします。

ダット ………… はい。
ファン・バン・ダットと申します。ダットと呼んでください。
ベトナムから参りました。ベトナムで日本語を少し勉強しました。
どうぞよろしくお願いします。

村山課長 …… 今、桜の季節です。ダットさん、もう桜を見ましたか。

ダット ………… いいえ、まだです。

村山課長 …… そうですか。夜の桜もきれいですよ。

ダット ………… じゃあ、今晩見に行きます。

村山課長 …… みなさん、ダットさんに質問があったらどうぞ。

オウ ……………… ダットさん、どこに住んでいますか。

ダット ………… 吉川町です。

オウ ……………… じゃあ、会社までみらい線ですか。

ダット ………… はい。

オウ ……………… 私はとなりのまつもと町です。同じみらい線ですね。
よろしくお願いします。

ダット ………… はい、よろしくお願いします。

桜(さくら)：cherry blossom ／櫻花／ hoa sakura

練習問題

(1) ～と申します／です
～から参りました／来ました

① 会社やほかの会社で自己紹介

(自分の名前)＿＿＿＿＿＿＿＿＿＿＿。

(自分の出身地)＿＿＿＿＿＿＿＿＿＿＿。

どうぞよろしくお願いします。

② 友だちのパーティーで自己紹介

(自分の名前)＿＿＿＿＿＿＿＿＿＿＿。

(自分の出身地)＿＿＿＿＿＿＿＿＿＿＿。

よろしくお願いします。／どうぞよろしく。

出身地：birthplace ／出生地／ nơi sinh

(2) もう〜ましたか
——はい、〜ました／いいえ、まだです

例(れい)を見て、文を完成(かんせい)させてください。

例 A：もう桜(さくら)を見ましたか。

B：はい、見ました。

C：私は、まだです。

① A：もう昼ご飯を食べましたか。

B：はい、もう＿＿＿＿＿＿＿＿＿＿。

② A：もうコンピュータの試験を受(う)けましたか。

B：いいえ、＿＿＿＿＿＿＿＿＿＿。

③ A：もう報告書(ほうこくしょ)を書きましたか。

B：はい、＿＿＿＿＿＿＿＿＿＿。

④ A：もう会議室(かいぎしつ)を予約(よやく)しましたか。

B：いいえ、＿＿＿＿＿＿＿＿＿＿。すぐ予約(よやく)します。

報告書(ほうこくしょ)：report ／报告、汇报／ bản báo cáo

(3) ～に行く

例を見て、文を完成させてください。

例 A:日曜日にどこかに行きましたか。

B:はい、新宿に映画を見に行きました。

① A:コンビニに弁当を＿＿＿＿＿＿行きますけど、何かいりますか。

B:コーヒーをお願いします。

② A:駅前に新しいピザ屋ができましたね。

B:ええ、今日、ランチを＿＿＿＿＿＿行こうと思っています。

③ A:健康のために何かしていますか。

B:はい、週に1回、プールに＿＿＿＿＿＿行きます。

④ A:ご両親が日本にいらっしゃるそうですね。

B:はい、明日、空港に＿＿＿＿＿＿行きます。

健康:health ／健康／ sức khỏe

（4）～たら

例を見て、文を完成させてください。

例 A：質問があったら、どうぞ。

B：はい。出身はどちらですか。

① A：山田商会から電話があるかもしれません。電話が＿＿＿＿＿＿＿＿＿＿、すぐ知らせてください。

B：はい、わかりました。

② A：今、何かしたいことがありますか。

B：そうですねえ。今は忙しくてできないのですが、もう少し＿＿＿＿＿＿＿＿＿＿、日本語を習いたいです。

③ A：今日のお昼、ビストロ・スカッシュに行きませんか。人気がある店だから混んでいるかもしれませんけど。

B：いいですね。でも、＿＿＿＿＿＿＿＿＿＿、つばめ食堂にしましょう。

④ A：週末は何か予定がありますか。

B：はい、＿＿＿＿＿＿＿＿＿＿、近くの公園に花見に行きます。

人気がある：popular ／受欢迎／ có sức hút

 **話すタスク**　Aが初(はじ)めに話す人です。

ロールプレイ 1

ロールカードA（1課-1）

あなたは、村山課長(むらやまかちょう)です。ダットさんに、社員の前で自己紹介(じこしょうかい)をするように言ってください。
そのあと、少し質問をしてください。

使ってみよう もう～ましたか

ロールカードB（1課-1）

あなたは、ダットです。YMY（ワイエムワイ）ソリューションズに入りました。今日は最初(さいしょ)の日です。
村山課長(むらやまかちょう)に言われたら、自己紹介(じこしょうかい)をしてください。

使ってみよう ～と申(もう)します　～から参(まい)りました

ロールプレイ 2

ロールカードA（1課-2）

あなたは、外国出身の新入社員です。

あなたの会社には、外国人社員のための日本人バディがいます。

日本の生活や日本語でわからないことは、バディに相談できます。

あなたのバディは同期の吉本さんです。

今日初めて吉本さんに会いました。自己紹介をしてください。

新入社員：new employee ／新员工／ nhân viên mới vào công ty

同期：colleague who entered the company at the same time ／同一年进公司的同事／ cùng thời điểm, cùng kỳ

ロールカードB（1課-2）

あなたは、外国人社員Aさんの同期で、バディの吉本です。

あなたの会社には、外国人社員のための日本人バディがいます。

外国人社員は、日本の生活や日本語でわからないことをバディに相談できます。

バディは、外国人の考え方などを学ぶことができます。

今日初めてAさんに会いました。自己紹介をしてください。

同期：colleague who entered the company at the same time ／同一年进公司的同事／ cùng thời điểm, cùng kỳ

ロールプレイ 3

ロールカードA（1課-3）

あなたは、新入社員です。

今日はバディの吉本さんと居酒屋に行きました。

あとから吉本さんの友だち（Bさん）も来ました。

Bさんに自己紹介をしてください。

居酒屋：Japanese pub, izakaya ／小酒馆／ quán rượu

ロールカードB（1課-3）

あなたは、吉本さんの友だちです。

居酒屋で、吉本さんが、同じ会社のAさんを紹介しました。

Aさんの自己紹介を聞いて、質問してください。

居酒屋：Japanese pub, izakaya ／小酒馆／ quán rượu

応用タスク　表現のちがいを知ろう

どの言い方が一番いいですか。

(1) 初めて会社に行ったとき

新入社員： 初めまして。

チャミラ {です。／と申します。／とおっしゃいます。}

スリランカから {来ました。／いらっしゃいました。／参りました。}

{よろしく。／どうぞよろしく。／どうぞよろしくお願いします。}

(2) 居酒屋で友だちの友だちに会ったとき

新入社員： 初めまして。

友だちの友だち： 初めまして。

新入社員： チャミラ {です。／と申します。／とおっしゃいます。}

スリランカから {来ました。／いらっしゃいました。／参りました。}

{よろしく。／どうぞよろしく。／どうぞよろしくお願いします。}

4月

2 課(か) 電話がこわい

聞くタスク  03

正しいものに○をつけてください。

(1)　①　②　③

(2)　①　②　③

(3)　①　②　③

モデル会話1 04

ダット …………はい、YMYソリューションズ、ITサービス課、ダットです。

浦野 ……………小林商会の浦野ですが、村山課長をお願いします。

ダット …………はい、少々お待ちください。

モデル会話2  05

ダット …………はい、YMYソリューションズ、ITサービス課、ダットです。

浦野 ……………小林商会の浦野ですが、村山課長をお願いします。

ダット …………すみません。もう一度お名前をお願いします。

浦野 ……………浦野です。

ダット …………浦野様ですね。申し訳ありません。村山は、会議中です。

浦野 ……………わかりました。また電話します。

ダット …………はい、お願いします。失礼します。

浦野 ……………失礼します。

練習問題

(1) 電話で名乗る (自分の名前を言う) 練習をしましょう。

例 はい、YMYソリューションズ、ITサービス課 (の) ダットです。

① アマダ商事、総務部、自分の名前

② 吉田商会、営業部、アジア担当、自分の名前

③ サマーホールディングス、事業部、自分の名前

～担当：in charge of ~／担任～／ đảm nhiệm ~

(2) 少々お待ちください／ちょっと待ってください／ちょっと待って

例を見て、いいと思うことばを選んでください。答えは一つでないこともあります。

例 **客**：SNSセミナーの申し込みはここでいいですか。

担当者：はい、{少々お待ちください。／ちょっと待ってください。／ちょっと待って。}

① **(旅行会社で)**

客：シンガポール4日間のツアーは一人で参加できますか。

社員：{少々お待ちください。／ちょっと待ってください。／ちょっと待って。}担当者に代わります。

② **(玄関で)**

配達人：Jデパートからのお届けものです。ここに印鑑をお願いします。

受取人：はい、{少々お待ちください。／ちょっと待ってください。／ちょっと待って。}印鑑を取ってきますから。

③ **(AとBは同期)**

A：吉田商会の電話番号がわかる？

B：{少々お待ちください。／ちょっと待ってください。／ちょっと待って。}今、調べるね。

④ **客**：このシャツの大きいサイズはありますか。

店員：{少々お待ちください。／ちょっと待ってください。／ちょっと待って。}すぐに確認してきます。

セミナー：seminar／讨论会／hội thảo

担当者：person in charge／负责人／người phụ trách

ツアー：tour／旅游团／town du lịch

配達人：delivery person／送货人／người chuyển hàng

印鑑：seal／图章／con dấu

確認する：check／确认／xác nhận

(3) すみません

「すみません」にはいろいろな意味があります。①②③の「すみません」の意味にもっとも近いものを選(えら)んでください。

① **先輩(せんぱい)**:小山(こやま)さん、先週貸したマンガの本を持ってきた?
後輩(こうはい):あっ、すみません。明日(あした)持ってきます。

{謝(あやま)る / 話しかける / お礼(れい)を言う}

② (道をたずねる)
A:すみません。ABCホールの入口はこちらですか。
B:いえ、まっすぐ行ってください。左にあります。

{謝(あやま)る / 話しかける / お礼(れい)を言う}

③ (電車でおばあさんに席(せき)をゆずる)
A:どうぞ。
B:すみません。助(たす)かります。

{謝(あやま)る / 話しかける / お礼(れい)を言う}

先輩(せんぱい):senior /前辈/ tiền bối
後輩(こうはい):junior /后辈/ hậu bối
助(たす)かる:be thankful /有帮助、使轻松/ được giúp đỡ

(4) スケジュールを見て答えましょう。

同じ課の山田さんに電話がかかってきました。下のスケジュールを見て答えてください。

山田さんのスケジュール	
9:00 ～ 9:30	会議
10:00 ～ 10:30	A商会
(12:00 ～ 2:30	新幹線で大阪へ)
3:00 ～	大阪支店

① 9時20分にかかってきた電話に

{会議中 / 外出中 / 出張中} です。

② 10時半にかかってきた電話に

{会議中 / 外出中 / 出張中} です。

③ 4時にかかってきた電話に

{会議中 / 外出中 / 出張中} です。

スケジュール：schedule／日程／ lịch trình

出張：business trip／出差／ công tác

話すタスク　Aが初(はじ)めに話す人です。

ロールプレイ 1-①

ロールカードA（2課-1-①）

あなたは、YMYソリューションズのダットです。

電話がかかってきますから、出てください。

使ってみよう　少々(しょうしょう)お待ちください

ロールカードB（2課-1-①）

あなたは、小林商会(こばやししょうかい)の浦野(うらの)です。YMYソリューションズの村山課長(むらやまかちょう)に電話をかけてください。

ロールプレイ 1-②

ロールカードA（2課-1-②）

あなたは、YMYソリューションズのダットです。

電話がかかってきますから、出てください。

村山課長(むらやまかちょう)は会議中(かいぎちゅう)です。

使ってみよう　申(もう)し訳(わけ)ありません　　○○は会議中(かいぎちゅう)です

ロールカードB（2課-1-②）

あなたは、小林商会(こばやししょうかい)の浦野(うらの)です。

YMYソリューションズの村山課長(むらやまかちょう)に電話をかけてください。

いないときは、あとで電話をかけると言ってください。

ロールプレイ 2

ロールカードA（2課-2）

あなたは、YMYソリューションズの新入社員です。

会社に電話がかかってきますから、出てください。

相手(あいて)に合わせて話してください。

ロールカードB（2課-2）

あなたは、山田商会(やまだしょうかい)の社員です。

YMYソリューションズの石川(いしかわ)さんに電話をかけてください。

いないときは、あとで電話をかけてほしいと言ってください。

ロールプレイ 3

ロールカードA（2課-3）

あなたは、YMYソリューションズの新入社員です。

会社に電話がかかってきますから、出てください。

相手に合わせて話してください。

ロールカードB（2課-3）

あなたは、YMYソリューションズの社員です。

今、Z商事で話が終わり、会社の外に出ました。すぐに課長に報告したいことがあります。

会社に電話をかけてください。

応用タスク　正しい言い方をマスターしよう！

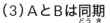

どの言い方が一番いいですか。
いちばん

(1) 受付で
うけつけ

客：村山課長にお会いする約束なんですが。
きゃく　むらやまかちょう　　　　　　　　　　やくそく

受付：はい、{村山さんですね。／村山課長ですね。／
うけつけ　　　　むらやま　　　　　　　　むらやまかちょう

課長の村山ですね。} 少々お待ちください。
かちょう　むらやま　　　　しょうしょう

受付：(客を案内する)
うけつけ　きゃく　あんない

では、こちらへどうぞ。

{村山／村山課長／村山さん} はただ今参ります。
むらやま　むらやまかちょう　むらやま　　　　　　いままい

(2) 電話で

取引先：山中さんをお願いします。
とりひきさき　やまなか　　　　ねが

社員：はい、{山中だね。／山中ですね。／
しゃいん　　　　やまなか　　　　やまなか

山中さんですね。} 少々お待ちください。
やまなか　　　　　　しょうしょう

(3) AとBは同期

A：ランチに {行かない？／行きませんか。／いらっしゃいませんか。}

B：ちょっと待ってて。今、行くから。

(4) 居酒屋で

課長：シアンさんのお父さんは、日本に来たことがあるの？

部下：いいえ、ありません。

{兄／お兄さん／お兄様} は、出張で来たことがあります。

(5) 電話で

取引先：あとで電話をいただけますか。

社員：{わかった。／わかりました。／承知しました。}

部下：subordinate／下级、部下／cấp dưới

5月

3課（か） ミスをして謝（あやま）る

聞くタスク 06

正しいものに○をつけてください。

(1)　①　②　③

(2)　①　②　③

(3)　①　②　③

落（お）ち込（こ）む：be depressed ／郁闷、消沉／ buồn bã, suy sụp

モデル会話 07

オウ ……………… ダットさん、昨日(きのう)の連絡(れんらく)メールが届(とど)いていませんが。
昼休みに課(か)の人たちが、昨日(きのう)、ダットさんからメールを受(う)け取(と)ったと言っていました。でも、私には届(とど)いていません。

ダット ………… え？　課(か)の全員(ぜんいん)に送りましたけど、オウさんには届(とど)いていませんか。

オウ ……………… ええ、受(う)け取(と)っていませんけど。

ダット ………… 申(もう)し訳(わけ)ありません。

オウ ……………… すぐに送ってくれる？

ダット ………… はい、すぐに送ります。

＊＊＊＊＊＊＊＊＊＊＊＊＊＊＊＊＊＊

ダット ………… さっきは、申(もう)し訳(わけ)ありませんでした。営業(えいぎょう)のオウさんに送ってしまいました。

オウ ……………… メールでも謝(あやま)ってもらったし、そんなに気にしなくても大丈夫(だいじょうぶ)ですよ。

練習問題

(1) ～ていない／～ている

例を見て、文を完成させてください。

例 A：荷物を受け取りましたか。

B：いいえ、まだ受け取っていません。

① A：X商事からカタログが届きましたか。

B：いいえ、まだ＿＿＿＿＿＿＿＿＿＿。

② A：急ぎましょう。会議はもう＿＿＿＿＿＿＿＿＿＿。

B：すみません。今すぐ行きます。

③ A：来週のセミナーに申し込みましたか。

B：いいえ、まだ＿＿＿＿＿＿＿＿＿＿。

④ A：駅前のお店、まだ開いていますか。

B：もう9時だから＿＿＿＿＿＿＿＿＿＿と思います。

カタログ：catalog／商品目录／catalô

申し込む：apply／申请／đăng ký

(2) ～てくれる／～てもらう

例を見て、文を完成させてください。

例 A：昨日は残業、大変でしたね。

B：はい、でもジョイさんが<u>手伝ってくれた</u>ので仕事が全部終わりました。

① (木曜日)

ルース：土曜日に取引先でソフトウェアを変えるんだけど、ダットさん、出て＿＿＿＿＿＿＿＿＿＿か。

ダット：はい、わかりました。土曜日は予定がありませんから。

② **ルース**：オウさん、土曜日の作業は、ダットさんに出て＿＿＿＿＿＿＿＿＿＿ので、来なくて大丈夫。

オウ：ありがとうございます。助かります。

③ (月曜日)

オウ：土曜日の作業はどうでしたか。

ルース：ダットさんに出て＿＿＿＿＿＿＿＿＿＿ので、予定より早く終わりました。

④ **ルース**：ダットさんが手伝って＿＿＿＿＿＿＿＿＿＿ので、本当に助かりました。ありがとう。

ダット：いいえ。無事に終わってよかったです。

残業：overtime work ／加班／ tăng ca
ソフトウェア：software ／软件／ phần mềm công nghệ
無事に：without any trouble ／顺利／ vô sự

(3) ～てしまう

例(れい)を見て、文を完成(かんせい)させてください。

例 A：雨が降(ふ)っているけど、かさは？

B：今朝(けさ)、電車にわすれてしまいました。

① A：めずらしいね。今日はスマホを使ってないね。

B：うん、会社に来る途中(とちゅう)で、スマホを＿＿＿＿＿＿＿＿＿＿。

② A：昨日(きのう)、電車の事故(じこ)があって、会議(かいぎ)に＿＿＿＿＿＿＿＿＿＿。

B：ああ、大きな事故(じこ)でしたね。新聞で読みました。

③ A：どうしたんですか。

B：はい、大切な書類(しょるい)を＿＿＿＿＿＿＿＿＿＿かもしれません。

④ A：顔色が悪いですね。

B：昨日(きのう)＿＿＿＿＿＿＿＿＿＿。

C：お酒(さけ)には気をつけたほうがいいですね。

スマホ：smartphone／智能手机／ điện thoại thông minh

書類(しょるい)：document／资料、材料／ giấy tờ

顔色：complexion／脸色／ sắc mặt

（4）～し、（～し）～

例を見て、文を完成させてください。

例 A：家に冷蔵庫がないと、不便じゃありませんか。

B：家で<u>料理をしないし</u>、近くのコンビニで<u>何でも買えるし</u>、大丈夫です。

① A：東京の生活はどうですか。

B：人は＿＿＿＿＿＿＿＿し、物価は＿＿＿＿＿＿＿＿し、ちょっと大変です。

② （AとBは同僚）

A：社員旅行はどうでしたか。

B：ホテルは＿＿＿＿＿＿＿＿＿＿し、食事も＿＿＿＿＿＿＿＿＿＿し、

とてもよかったです。

③ 部長：今年の新人はどう？

課長：＿＿＿＿＿＿＿＿し、＿＿＿＿＿＿＿＿し、すごくいいです。

④ A：東京から大阪まで深夜バスで行くんですか。疲れませんか。

B：いいえ。最近のバスは座席も＿＿＿＿＿＿＿し、そんなに疲れませんよ。

社員旅行：company trip ／员工旅游／ du lịch nhân viên

部長：head of department ／部长、处长／ trưởng bộ phận

新人：newcomer ／新进公司的员工／ người mới

深夜バス：overnight bus ／夜间巴士／ xe bus đêm

座席：seat ／座位／ chỗ ngồi

話すタスク　Aが初めに話す人です。

ロールプレイ 1-①

ロールカードA（3課-1-①）

あなたは、オウです。

YMYソリューションズの社内連絡メールを新入社員のダットさんが課の全員に送ったようですが、あなたはメールを受け取っていません。

ダットさんにメールを送ったかどうか聞いてください。

使ってみよう　届いていませんが

ロールカードB（3課-1-①）

あなたは、ダットです。

連絡メールを課の全員に送ったと思っています。

先輩のオウさんの質問に答え、謝ってください。

すぐにメールを送ると言ってください。

ロールプレイ 1-②

ロールカードA（3課-1-②）

あなたは、ダットです。

先輩のオウさんにメールを送ったあと、オウさんの所に行きます。

メールを送ったことと、宛先をまちがえていたことを伝えてください。

使ってみよう　～てしまいました

宛先：recipient ／收信人地址／ nơi gửi

ロールカードB（3課-1-②）

あなたは、オウです。

新入社員のダットさんからメールが来ました。

ダットさんは宛先(あてさき)をまちがえたことをメールで謝(あやま)っています。

ダットさんが話しに来たら、気にしていないことを伝(つた)えてください。

使ってみよう ～し、大丈夫(だいじょうぶ)ですよ

宛先(あてさき)：recipient ／收信人地址／ nơi gửi

ロールプレイ 2

ロールカードA（3課-2）

あなたは、新入社員です。

課長(かちょう)に、両面(りょうめん)コピーを20枚(まい)、頼(たの)まれました。

会社のコピー機(き)を初(はじ)めて使います。

コピー機(き)にはボタンがたくさんあります。

両面(りょうめん)コピーになるようにボタンを押(お)したつもりでしたが、片面(かためん)コピーが出てきました。

コピーを課長(かちょう)に届(とど)けてください。

両面(りょうめん)コピーでないことを謝(あやま)ってください。

理由(りゆう)もかんたんに言ってください。

両面(りょうめん)コピー：double-sided copy ／双面复印／ in hai mặt

片面(かためん)コピー：single-sided copy ／单面复印／ in một mặt

ロールカードB（3課-2）

あなたは、課長です。

新入社員のAさんに、コピーを頼みました。両面コピーを20枚です。

5分後にAさんがコピーを持ってきましたが、片面コピーでした。

理由を聞いてください。

わからないことは、すぐに聞いてほしいとAさんに言ってください。

両面コピー：double-sided copy ／双面复印／ in hai mặt

片面コピー：single-sided copy ／单面复印／ in một mặt

ロールプレイ 3

ロールカードA（3課-3）

あなたは、Bさんの同期です。

Bさんは、昨日（水曜日）までにデータを整理して、メールで送ると言っていました。

でも、まだBさんからメールが届きません。

Bさんに、どうしたのか聞いてください。

データを整理する：organize the data ／整理数据／ chỉnh lý số liệu

ロールカードB（3課-3）

あなたは、Aさんの同期です。

昨日（水曜日）までにデータを整理して、Aさんに渡さなければなりませんでした。

でも、すっかりわすれてしまい、まだできていません。

Aさんと話してください。

データを整理する：organize the data ／整理数据／ chỉnh lý số liệu

応用タスク　言い方に気をつけよう！

謝るとき、どの言い方が一番いいですか。

(1)(デザイン会社で)

客：お願いしたデザインとちがっていますよ。

店員：{ごめんなさい。／すみません。／申し訳ありません。}

すぐに直します。

(2)(スマホショップで)

客：待っている人がたくさんいるのはわかるけど、
スマホをちょっとチェックしてもらうのに、
いつまで待てばいいの？

店員：{ごめんなさい。／すみません。／申し訳ありません。}

順番にお呼びしますので、しばらくお待ちください。

(3) 先輩：今日の食事会は6時からだから、そろそろ行こうか。

後輩：{ごめん。／すみません。／申し訳ありません。}

私は少しおくれて行きます。

(4)(AとBは同期)

A：さっきの資料だけど、3ページが2枚あったよ。

B：{ごめん。／すみません。／申し訳ありません。}1枚はずしといて。

順番：order ／顺序／ thứ tự
資料：material ／资料／ tư liệu
はずす：remove ／撤掉／ gỡ ra

6月

4課 仕事が山積み

聞くタスク  08

正しいものに○をつけてください。

(1)	①	②	③
(2)	①	②	③
(3)	①	②	③

山積み:huge amount／堆积如山／ xếp thành núi, chất thành núi

プログラミング:programming／编程／ lập trình

自信がある:have confidence／有信心／ tự tin

たまる:pile up／堆积、积压／ dồn lại, tồn đọng

モデル会話  09

ダット ………… すみません、オウさん。今、忙(いそが)しいですか。

オウ ……………… ええ、忙(いそが)しいけど、大丈夫(だいじょうぶ)ですよ。

ダット ………… お願(ねが)いがあるんですが。

オウ ……………… はい、何ですか。

ダット ………… 課長(かちょう)からたくさん仕事を頼(たの)まれてしまって、がんばっているのに終わらないんです。

オウ ……………… それは、ダットさんが、いつも「課長(かちょう)、もっと仕事をください」と言うからですよ。

ダット ………… そうでしょうか。すみませんが、少し手伝(てつだ)っていただけませんか。

オウ ……………… 手伝(てつだ)う時間はありませんけど、ダットさんは仕事が大変(たいへん)だと、課長(かちょう)に話してみますね。

ダット ………… よろしくお願(ねが)いします。

練習問題

(1) ～んです

例(れい)を見て、文を完成(かんせい)させてください。

例 A:どうしたんですか。

B:Z社からの報告書(ほうこくしょ)が見つからないんです。

① A:夜、飲みに行かない？

B:すみません。今夜は、約束(やくそく)が＿＿＿＿＿＿＿＿。

② A:コピー機(き)がさっきから＿＿＿＿＿＿＿＿。

B:じゃあ、サポートサービスに電話しましょう。

③ A:どうかした？　顔色が悪いよ。

B:すみません、ちょっと、＿＿＿＿＿＿＿＿。

A:帰ったほうがいいんじゃない？

④ A:新しいパソコンを＿＿＿＿＿＿＿＿が、どこのがいいですか。

B:ぼくはXYのを使っているよ。

サポートサービス：support service ／支援服务／ dịch vụ hỗ trợ

(2) ～れる／られる（受身）

例を見て、文を完成させてください。

例 A:さっき話していたきれいな人は知り合いですか。

B:いや、道を聞かれただけだよ。

① A:足、どうかしたんですか。痛そうですね。

B:うん、今朝、混んでいる電車の中で、足を＿＿＿＿＿＿＿＿＿＿。

② A:このことはだれにも話さないでください。まだだれも知らないんです。

B:わかりました。ほかの人に＿＿＿＿＿＿＿＿＿＿と困るんですね。

③ A:元気がありませんね。

B:はい、今朝、課長に報告書の日本語に、まちがいがたくさんあると＿＿＿＿＿＿＿＿＿＿。日本語がなかなかうまくなりません。

④ A:田中さんは？

B:課長に＿＿＿＿＿＿＿＿＿＿て、会議室に行ったよ。

知り合い:acquaintance／熟人／người quen

（3）～のに

例を見て、文を完成させてください。

例 A：食事を減らしているのに、やせないんです。

B：運動も大事ですよ。

① A：試験の結果、どうでしたか。

B：不合格でした。

A：一生懸命＿＿＿＿＿＿＿＿＿＿のに、残念でしたね。

② A：元気がないね。どうしたの？

B：＿＿＿＿＿＿＿＿＿＿＿＿＿＿のに、展示会が中止になったんだ。

③ A：さっきあいさつした人、先月のIT交流会で名刺をもらったのに、

＿＿＿＿＿＿＿＿＿＿＿＿＿＿＿＿＿＿＿。

B：ああ、あの人は有明コミュニケーションズの北村さんだよ。

④ A：みんなのために一生懸命料理を作ったのに、＿＿＿＿＿＿＿＿＿＿。

B：料理が多すぎたんだと思うよ。

展示会：exhibition ／展览会／ hội triển lãm
交流会：networking event ／交流会／ hội giao lưu
名刺：business card ／名片／ danh thiếp

（4）～てみる

例を見て、文を完成させてください。

例 A：納豆を食べたことがないんです。

B：体にいい食べものですよ。一度<u>食べてみて</u>ください。

① A：PC研修を申し込むのをわすれちゃった。もう申し込みは無理かな？

B：ダメだと思うけど、担当者に＿＿＿＿＿＿＿＿＿＿たらどう？

② A：新しいシャンプーのサンプルです。＿＿＿＿＿＿＿＿＿＿ください。

あとで感想をお願いしますね。

B：はい、わかりました。

③ A：コウさん、おそいですね。3時の約束なのに、もう3時半です。

B：コウさんのスマホに＿＿＿＿＿＿＿＿＿＿ましょうか。

④ A：海外研修に参加したいと思っています。書類を＿＿＿＿＿＿＿＿＿＿

ので、見ていただけますか。

B：いいよ。今忙しいから、明日の昼まででいい？

納豆：fermented soybeans ／纳豆／ đậu natto
研修：training ／进修、培训／ thực tập
シャンプー：shampoo ／洗发香波／ dầu gội
サンプル：sample ／样品／ hàng mẫu
感想：impression ／感想／ cảm tưởng

 **話すタスク**　Aが初めに話す人です。

ロールプレイ 1

ロールカードA（4課-1）

あなたは、ダットです。

課長から仕事をたくさん頼まれました。

一生懸命がんばっていますが、終わりません。

先輩のオウさんに、手伝いを頼んでください。

使ってみよう　お願いがあるんですが　　すみませんが

ロールカードB（4課-1）

あなたは、オウです。

いつも仕事で忙しいです。

後輩のダットさんに、手伝いを頼まれたら、断ってください。

ダットさんは仕事が多いと言っています。でも、あなたは、

それはダットさんがいつも「もっと仕事をください」と課長に言うからだと思っています。

ダットさんの仕事が大変だと課長に話すと言ってください。

使ってみよう　と言うから　　話してみます

ロールプレイ 2

ロールカードA（4課-2）

あなたは外国出身の新入社員です。

研修報告書を書きましたが、日本語に自信がありません。

先輩社員に、日本語を直してほしいと思っています。頼んでください。

その先輩は、今パソコンを見ています。

ロールカードB（4課-2）

あなたは、Aさんの先輩社員です。

今、取引先からのメールに返事を書いています。

Aさんに何か頼まれたら、答えてください。

ロールプレイ 3

ロールカードA（4課-3）

あなたは外国出身の新入社員です。

日本語でメールを書きましたが、日本語に自信がありません。

同期でバディのBさんに、日本語を直してほしいと思っています。頼んでください。

Bさんは、今、パソコンを見ています。

ロールカードB（4課-3）

あなたは、Aさんの同期でバディです。

今、Z社からの重要なメールに返事を書いているところです。

Aさんに何か頼まれたら、返事をしてください。

応用タスク　「ね」「よ」に気をつけよう！

それぞれの「ね」「よ」はどんな気持ちで言っているでしょうか。
話し合ってみましょう。

（1）～ね  10

① A：会議は2時からですね。

　B：はい、そうです。

② A：今日は暑いですね。

　B：ええ、35度だそうです。

③ A：イベント会場ですが、

　　ABCホールはどうでしょうか。

　B：それはいいですね。

（2）～よ  11

① 上司：取引先の会社名はぜったいにまちがえたら

　　　だめなんだよ。

　部下：すみません。気をつけます。

② A：今日は疲れたから早く帰ろうよ。

　B：うん、ちょっと待ってて。

③ A：あの、かぎを落としましたよ。

　B：えっ、ありがとうございます。

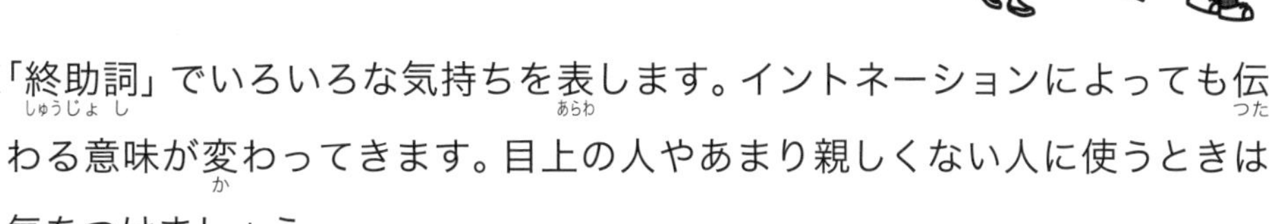

※「終助詞」でいろいろな気持ちを表します。イントネーションによっても伝わる意味が変わってきます。目上の人やあまり親しくない人に使うときは気をつけましょう。

会場：venue ／会场／ hội trường

上司：boss ／上级、上司／ cấp trên

目上の人：superior ／上司、长辈／ người bề trên

●**部下の返事に対して課長はどう思うでしょうか。**

課長：報告書を5時までに書いてほしいんだけど、できる？

部下：できますよ。

●**後輩の返事に対して先輩はどう思うでしょうか。**

先輩：日本語がわからなかったらいつでも質問して。

後輩：わかりましたよ。

総合タスク1

ロールプレイ1～3は、一つのストーリーになっています。
出てくる人は、YMYソリューションズの村山課長、ダット、伊藤、取引先の川田商会の田川課長です。

＊Aが初めに話す人です。

1 YMYソリューションズの応接室で

ロールカードA（総合タスク1-1）

あなたは、YMYソリューションズの村山課長です。
取引先の川田商会の田川課長が、ベトナム人社員に会いたいと言って、会社に来ました。
今、田川課長、ダットさんといっしょに応接室にいます。
田川課長にダットさんを紹介し、ダットさんに自己紹介をするように言ってください。

ロールカードB（総合タスク1-1）

あなたは、川田商会の田川課長です。
半年後にベトナム人社員が入社することになったので、YMYソリューションズのベトナム人社員に話を聞きたいと思っています。
今、YMYソリューションズの応接室にいます。
ダットさんの自己紹介を聞いてから、いくつか質問をしてください。

応接室：reception room ／会客室／ phòng tiếp khách

ロールカードC（総合タスク1-1）

あなたは、ダットです。

村山課長に応接室に呼ばれて、今、応接室にいます。

取引先の課長に自己紹介をしてください。

2 YMYソリューションズの応接室で、田川課長が帰ったあとに

ロールカードA（総合タスク1-2）

あなたは、YMYソリューションズの村山課長です。

取引先の川田商会の田川課長とダットさんが話したときに、ダットさんが田川課長の名前をまちがえたのが気になりました。

ダットさんの話を聞いて、これからは気をつけるように言ってください。

ロールカードB（総合タスク1-2）

あなたは、ダットです。

取引先の会社の名前と田川課長の名前が似ているので、まちがえて「川田課長」と呼んでしまいました。

まちがえたことを村山課長に謝ってください。

3 YMYソリューションズITサービス課　ダットの机で

ロールカードA（総合タスク1-3）

あなたは、YMYソリューションズの新入社員、伊藤です。

取引先の人が来たときに、同期のダットさんが村山課長に呼ばれたので、気になっています。

ダットさんがもどってきたら、いろいろ聞いてください。

ロールカードB（総合タスク1-3）

あなたは、YMYソリューションズの新入社員、ダットです。

村山課長に呼ばれて、応接室で取引先の川田商会の田川課長と会いました。

田川課長にいろいろ聞かれたことや、名前をまちがえたこと、村山課長が言ったことなどを同期の伊藤さんに話してください。

7月

5課(か) 飲みニケーション

聞くタスク 12

正しいものに○をつけてください。

(1)　①　②　③

(2)　①　②　③

(3)　①　②　③

飲みニケーション：communicating through drinking together／饮酒交流／giao tiếp trong khi uống rượu

モデル会話 13

石川(いしかわ) …… ダットさん、このごろ元気がないようだけど、何かあった？

ダット …… ご心配(しんぱい)、ありがとうございます。大丈夫(だいじょうぶ)です。

オウ …… 大丈夫(だいじょうぶ)じゃないでしょう。疲(つか)れているみたいだし。

ダット …… あまり眠(ねむ)れないんです。

オウ …… ふーん、何か心配(しんぱい)なことがあるの？

ダット …… はい、仕事もできないし、日本語も下手(へた)だし、ちょっと心配(しんぱい)です。

石川(いしかわ) …… そんなことないよ。まだ4か月じゃない。

ぼくも、新人のときは何もわからなくて失敗(しっぱい)ばかり。

みんなにたくさん迷惑(めいわく)をかけたよ。

ダット …… え、本当(ほんとう)ですか。

オウ …… そう。みんな新人のときは失敗(しっぱい)するけど、失敗(しっぱい)して成長(せいちょう)するんだから大丈夫(だいじょうぶ)。

ダット …… ぼくも仕事ができるようになりますか。

石川(いしかわ)・オウ …… もちろん。

ダット …… ありがとうございます。少し元気が出てきました。

迷惑(めいわく)をかける：cause a problem ／添麻烦／ làm phiền

成長(せいちょう)する：grow ／成长／ trưởng thành

練習問題

(1) ～ようだ／～みたいだ

例を見て、文を完成させてください。

例 A:バスがなかなか来ませんね。

B:道が混んでいて、おくれているよう／みたいですね。

① A:明日は天気が＿＿＿＿＿＿＿＿ですね。

B:うーん、雨が降ると、展示会に来るお客さんが減るかもしれないね。

② A:コピーがきれいに取れません。コピー機が＿＿＿＿＿＿＿＿です。

B:じゃあ、サポートサービスに電話してください。

③ A:午前中の会議はもう終わりましたか。

B:会議室の電気が消えていますから、＿＿＿＿＿＿＿＿ですね。

④ A:田中さん、ずいぶん暗い顔をしていますね。

B:うん、課長に＿＿＿＿＿＿＿＿だね。

(2) 何か～／どこか～／いつか～／だれか～

例を見て、文を完成させてください。

例 A：最近、元気がありませんね。何か心配なことがあるんですか。

B：いいえ。ちょっと疲れているだけです。

① A：説明は以上です。何か＿＿＿＿＿＿＿＿＿＿がありますか。

B：今は大丈夫です。質問が出てきたら、あとでお聞きします。

② A：課の食事会、どこがいいでしょうか。

B：そうですねえ。どこか＿＿＿＿＿＿＿＿＿＿がないか、佐藤さんに聞いてみます。

③ A：これが参加者のリストです。

B：へー、たくさん来ますね。この中でだれか＿＿＿＿＿＿＿＿＿＿はいますか。

④ A：この前、ビジネススーツを買うのに付き合ってほしいと言ってたよね。

B：ええ、でも忙しそうだから、いつか＿＿＿＿＿＿＿＿＿＿で大丈夫です。

リスト：list／名单／ danh sách

ビジネススーツ：business suit／工作西装／ vest công sở

付き合う：keep company／陪伴／ kết hợp

(3) ～える*／られる(可能)

＊買う→買える、話す→話せる、読む→読める　など

例を見て、文を完成させてください。

例 A：海外でも日本のテレビが見られますか。

B：はい、国にいたとき、毎日、日本のニュースを見ていました。

① (歯医者の受付で)

受付の人：次の予約ですが、来週の木曜日4時に＿＿＿＿＿＿＿＿＿。

患者：はい、大丈夫です。4時に来ます。

② A：私はよくネットショッピングを利用します。

B：私もです。今は何でもネットで＿＿＿＿＿＿＿＿＿ので、便利ですね。

③ A：年を取った人にスマホはむずかしいでしょうか。

B：大丈夫ですよ。これは使い方がかんたんなので、だれでも

＿＿＿＿＿＿＿＿＿よ。

④ A：東京にはいろいろな国のレストランがありますね。

B：ええ、世界のいろいろな料理が＿＿＿＿＿＿＿＿＿。

歯医者：dentist／牙医／nha sĩ
患者：patient／患者／người bệnh
ネットショッピング：online shopping／网购／mua đồ trên mạng

(4) (〜える／られる) ようになる

例を見て、文を完成させてください。

例 A：日本語がお上手ですね。

B：ありがとうございます。就職してから敬語を使って話せるようになりました。

① A：英語を勉強しているそうですね。だいぶ上手になりましたか。

B：はい、仕事で英語のメールが＿＿＿＿＿＿＿＿なりました。

② A：足のほねを折ったと聞きました。もう大丈夫ですか。

B：はい、やっとふつうに＿＿＿＿＿＿＿＿なりました。

③ A：自分で料理するんですか。

B：はい、ネットで作り方を調べています。最近は日本の料理も＿＿＿＿＿＿＿＿なりました。

④ A：ずいぶん仕事になれたようですね。

B：はい、このごろは電話にも＿＿＿＿＿＿＿＿なりました。

就職する：get a job ／就业／ nhậm chức, nhận việc

ほね：bone ／骨头／ xương

 **話すタスク**　Aが初めに話す人です。

ロールプレイ 1

ロールカードA（5課-1）

あなたは、石川です。ここは居酒屋です。
このごろ後輩のダットさんは元気がありません。
ダットさんの話を聞いてください。そして、ダットさんをはげましてください。

使ってみよう　～ようだけど　　そんなことない

はげます：give encouragement ／鼓励／ khích lệ, động viên

ロールカードB（5課-1）

あなたは、ダットです。
このごろ、夜あまり眠れないので、疲れています。
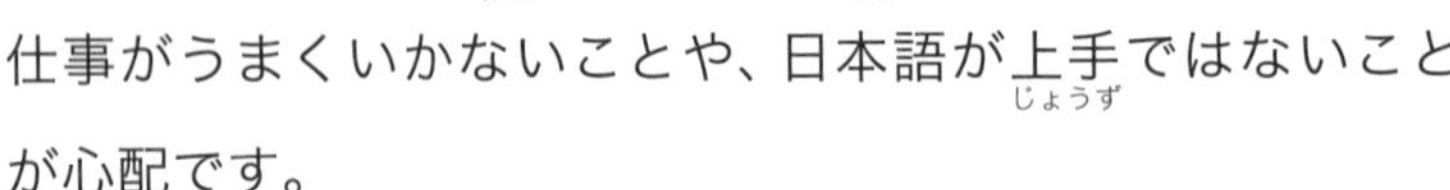
仕事がうまくいかないことや、日本語が上手ではないことが心配です。
先輩の石川さんに話してください。

使ってみよう　ご心配ありがとうございます　　～し～し～

ロールプレイ 2

ロールカードA（5課-2）

あなたは、YMYソリューションズの社員です。

3年前に今の会社に入りました。

家が遠いし、小さい子どももいるので、長い時間、働くことができません。

同僚（どうりょう）に、迷惑（めいわく）をかけているのではないか、会社の役（やく）に立っていないのではないかと心配（しんぱい）です。

同僚（どうりょう）と話してください。

ロールカードB（5課-2）

あなたは、YMYソリューションズの社員です。

3年前に今の会社に入りました。

Aさんは仕事もできて、やさしくて、いい同僚（どうりょう）だと思っています。

Aさんの話を聞いて、はげましてください。

ロールプレイ 3

ロールカードA（5課-3）

あなたは、KY通商の入社2年目の社員です。
仕事で英語が必要なので、入社2年以内に、全社員が英語のテストに合格しなければなりません。
テストは1年に4回受けられますが、先月のテストにも落ちました。
あと2回受けるチャンスがありますが、とても心配です。
同僚のBさんに話してください。

ロールカードB（5課-3）

あなたは、KY通商の入社2年目の社員Aの同僚です。
仕事で英語が必要なので、入社2年以内に、全社員が英語のテストに合格しなければなりません。
テストは1年に4回受けられます。
あなたは、英語ができるので、入社してすぐに試験に合格しました。
毎日少しずつ勉強すれば、だれでも合格できると思っています。
Aさんの話を聞いて、はげましてください。

応用タスク　アドバイスや提案をしてみよう！

どの言い方がいいですか。答えは一つでないこともあります。

(1) **部長**：若い社員から社員食堂を作ってほしいと言われたんだけど、どう思う？

課長：そうですねえ。社員全員にアンケートで聞いてみたら {どう？ ／ どうだろうか。／ どうでしょうか。／ いかがでしょうか。}

(2) **課長**：若い社員から社員食堂を作ってほしいと言われたんですが、どう思われますか。

部長：そうだねえ。社員全員にアンケートで聞いてみたら {どう？ ／ どうだろうか。／ どうでしょうか。／ いかがでしょうか。}

(3) (AとBは同期)

A：みんな社員食堂がほしいって言っているけど、どう思う？

B：うん、ぼくもほしいよ。社員全員にアンケートで聞いてみたら {どう？ ／ どうだろうか。／ どうでしょうか。／ いかがでしょうか。}

アドバイス：advice ／建议／ lời khuyên

提案：proposal ／提案、提议／ đề án

社員食堂：company cafeteria ／员工食堂／ nhà ăn nhân viên

アンケート：questionnaire ／问卷调查／ phiếu thăm dò ý kiến

8月

6課 夏休みはいつ取る？

聞くタスク 14

正しいものに○をつけてください。

(1)　①　②　③

(2)　①　②　③

(3)　①　②　③

お盆：the Bon festival ／盂兰盆节／ lễ Obon
行事：event ／庆典活动／ sự kiện
地方：district ／外地、地方／ địa phương
日程：schedule ／日程／ lịch trình

モデル会話  15

石川(いしかわ)……ルースさん、夏休みなんですが、8月半(なか)ばに休んでもいいですか。

ルース……ええっ！　お盆(ぼん)に友だちといっしょに旅行に行こうと思っていたんですけど。友だちが10日から16日まで休みなんです。

石川(いしかわ)……困(こま)ったなあ。実家(じっか)に帰るつもりだったんですよ。

ダット……二人とも同じときには休めないんですか。

石川(いしかわ)……昔(むかし)はお盆(ぼん)はみんな休みだったけど、今は会社によってちがうんだ。うちの取引先(とりひきさき)はほとんどが休みじゃないから、みんなが少しずつずらして休まないと会社が困(こま)るんだ。どうしようかなあ。

ルース……では、私が9日から13日まで休むのはどうですか。

石川(いしかわ)……ありがとうございます。助(たす)かります。課長(かちょう)にも相談(そうだん)してみます。

半(なか)ば：middle ／中旬／ giữa

実家(じっか)：one's parents' home ／老家、娘家、父母的家／ nhà bố mẹ đẻ

ずらす：stagger ／挪动／ xê dịch

練習問題

(1) ～(よ)うと思う

例を見て、文を完成させてください。

例 A:今年の夏休みの予定は？

B:ハワイに行こうと思ってるんだ。

A:いいですねえ。

① A:ITの試験、申し込みましたか。

B:いいえ、まだ自信がないので、来年＿＿＿＿＿＿＿＿。

② A:来週の大阪出張、何時に出発しますか。

B:まだ予約していませんが、8時ごろの新幹線に＿＿＿＿＿＿＿＿。

③ A:夏休みはどうするんですか。

B:国の両親にしばらく会っていないので、今年は国に＿＿＿＿＿＿＿＿。

④ A:今晩、飲みに行きませんか。

B:ありがとうございます。でも、今日は忙しくて疲れたので、家に帰ってゆっくり＿＿＿＿＿＿＿＿。

(2) ～によって

例を見て、文を完成させてください。

例 A:日本の会社では、正月休みは何日くらいですか。

B:会社によってちがいます。

① A:新しくできた駅前のカフェ、いつも混んでるね。

B:＿＿＿＿＿＿＿＿、混んでないときもあるよ。

② A:X社に勤めている友だちよりボーナスが少なくて、がっかりしました。

B:ボーナスは＿＿＿＿＿＿＿＿ちがうから、しかたがないよ。

③ A:北海道はまだ桜が咲いているみたいですね。

B:ええ、日本は南北に細長い国なので、＿＿＿＿＿＿＿＿桜の咲く時期がちがうんです。

④ A:パソコンを買おうと思っているんですけど、ちょっと高くて……。

B:同じパソコンでも＿＿＿＿＿＿＿＿値段がちがうから、よく調べたほうがいいよ。

カフェ:cafe ／咖啡厅／ quán cà phê

ボーナス:bonus ／奖金／ thưởng

細長い:elongated ／细长／ gầy cao

時期:period ／时候、时期／ thời điểm

(3) ～ないと

例を見て、文を完成させてください。

例 A:2時の電車に乗らないと、間に合いませんよ。

B:じゃあ、急がなければ。

① A:試験はむずかしいんですか。

B:はい、むずかしいです。しっかり＿＿＿＿＿＿＿＿、受からないと思います。

② A:Y社との仕事の話、どうなったか知ってる？

B:ううん、それは課長に＿＿＿＿＿＿＿＿、わからない。

③ A:どうしよう。入館証をわすれちゃった。

B:あのビルは入り口で入館証を＿＿＿＿＿＿＿＿、入れないよ。

④ A:Wi-Fiのパスワードが変わったんだね。

B:ええ、新しいパスワードを＿＿＿＿＿＿＿＿、Wi-Fiが使えません。

入館証:key card ／入场证／ thẻ vào phòng trọ
パスワード:password ／密码／ mật khẩu

（4）～の（動詞(どうし)の名詞化(めいしか)）

例(れい)を見て、文を完成(かんせい)させてください。

例 A：お花見はどうでしたか。

B：桜(さくら)を見ながら、みんなで飲んだり食べたりするのは楽しいですね。

① A：X社に書類(しょるい)を＿＿＿＿＿＿＿＿＿＿は、月曜日だった？

B：いいえ、火曜日です。

② A：日本語がお上手(じょうず)ですね。

B：ありがとうございます。でも、＿＿＿＿＿＿＿＿はむずかしいです。

③ A：日本の生活(せいかつ)はいかがですか。

B：はい、とても満足(まんぞく)しています。でも、＿＿＿＿＿＿＿＿＿＿はさびしいです。

④ A：山田(やまだ)さんが転勤(てんきん)になるそうです。お世話になったので、お礼(れい)に何かしたいですね。

B：＿＿＿＿＿＿＿＿＿＿＿＿＿＿＿＿＿＿＿＿＿＿はどうでしょうか。

満足(まんぞく)する：be satisfied ／满足、满意／ thỏa mãn

転勤(てんきん)：transfer ／调动工作／ chuyển việc

 **話すタスク**　Aが初めに話す人です。

ロールプレイ 1

ロールカードA（6課-1）

あなたは、石川です。

8月半ばに夏休みを取って、実家に帰ろうと思っています。

休みが同じ日にならないように、同僚のルースさんと相談してください。

使ってみよう　夏休みなんですが　　帰るつもりだった

ロールカードB（6課-1）

あなたは、ルースです。

8月半ばのお盆に、友だちと旅行に行こうと思っています。

友だちの会社が休みだからです。

みんながいっしょに休むと、会社が困るので、同僚の石川さんと相談してください。

使ってみよう　行こうと思っていた　　休むのはどうですか

ロールプレイ 2

ロールカードA（6課-2）

あなたは、YMYソリューションズ、入社2年目の社員です。

来月の第1土曜日と日曜日に、取引先で展示会があります。

課長から、課のだれか一人、手伝いに行くように言われました。

入社1年目の社員Bさんに頼んでください。

ロールカードB（6課-2）

あなたは、YMYソリューションズ、入社1年目の社員です。

来月の第1土曜日と日曜日に、取引先で展示会があります。

土曜日は、友だちと約束があります。日曜日は、休みたいと思っています。

手伝いを頼まれたら、どうするか話し合ってください。

ロールプレイ 3

ロールカードA（6課-3）

あなたは、YMYソリューションズ、入社1年目の社員です。

友だちがベトナムの話を聞きたいと言っています。

同期のベトナム人社員Bさんに、週末にその友だちと3人で会ってほしいと頼んでください。

ロールカードB（6課-3）

あなたは、YMYソリューションズ、入社1年目のベトナム人社員です。

毎日忙しいので、週末はゆっくりしたいと思っています。

同期のAさんに何か頼まれたら、話を聞いて、あなたができることを伝えてください。

応用(おうよう)タスク　あいづちをマスターしよう！

会話をするとき、聞き手が小さな一言（あいづち）を言うと、話し手は話しやすくなります。「あいづち」には、たとえば、「はい」、「ええ」、「うん」、「そう」、「ふーん」、「それで」、「で」などがあります。

（1）次(つぎ)の会話であいづちの練習(れんしゅう)をしてみましょう。  16

（同僚(どうりょう)との会話、Bは先輩(せんぱい)）

A：昨日(きのう)、大変(たいへん)だったんです。

B：えっ、どうしたの？

A：夜中(よなか)に家に帰ったら、知らない男の人がソファーで寝(ね)ていたんです。

B：えっ、ほんと？

A：こわいので110番(ばん)しました。

B：うんうん。

A：おまわりさんが来て、その人を起こしたんです。

B：それで？

A：その人はおまわりさんを見てびっくり。おまわりさんが名前と住所を聞いたら、となりに住んでいる人だったんです。

B：へー。

A：昨日(きのう)はお酒(さけ)をたくさん飲んで、部屋(へや)をまちがえたみたいです。私は部屋(へや)にかぎをかけていなかったみたいで。

B：えー、あぶない。

A：今日、その人が家に来て、「昨日(きのう)はすみませんでした」と言ってチョコレートをたくさんくれました。

B：そう、よかったね。

A：でも、私、チョコレートを食べないので、よかったらどうぞ。

B：ありがとう。

(2) 互(たが)いにあいづちを入れながら、「最近(さいきん)びっくりしたこと」を2～3分間話してみましょう。

夜中(よなか)：late at night ／夜里／ giữa đêm
110番(ひゃくとおばん)する：make a 110 call to the police ／打110（报警电话）／ gọi 110

9月

7課(か) いとこを空港(くうこう)まで迎(むか)えに

聞くタスク  17

正しいものに◯をつけてください。

(1)　①　②　③

(2)　①　②　③

(3)　①　②　③

いとこ：cousin ／堂兄弟、堂姊妹、表兄弟、表姐妹／ anh em họ

早退(そうたい)する：leave early ／早退／ về sớm

モデル会話  18

ダット …………… 課長、ちょっとよろしいですか。

村山課長 ……… はい、何ですか。

ダット …………… 今度、いとこが日本に来るんです。成田空港に迎えに行きたいんですが、その日、早く帰ってもいいですか。

村山課長 ……… いつですか。

ダット …………… 今週の木曜日です。午後4時に空港に着くそうなので、2時に早退させていただきたいんですが。

村山課長 ……… 仕事は大丈夫ですか。

ダット …………… はい、急ぎの仕事はありません。

村山課長 ……… わかりました。課のみんなにも話しておいてください。

ダット …………… はい、ありがとうございます。

練習問題

(1) ～てもいいですか

例を見て、文を完成させてください。

例 A:この書類を見てもいいですか。

B:はい、どうぞ。

① A:このカタログを＿＿＿＿＿＿＿＿＿いいですか。

B:はい、ご自由にどうぞ。

② A:熱があるので、今日は＿＿＿＿＿＿＿＿＿いいですか。

B:わかりました。お大事に。

③ A:会社のノートパソコンを自宅に＿＿＿＿＿＿＿＿＿いいですか。

B:いいえ、仕事用のパソコンは会社内だけで使ってください。

④ A:課長のおみやげのおかし、とてもおいしいですね。

B:本当においしいです。最後の一つ、私が＿＿＿＿＿＿＿＿いいですか。

自宅:one's home ／自己家／ nhà riêng

（2）～そうだ（伝聞）

例を見て、文を完成させてください。

例 A：さっき連絡がありましたが、課長は空港に午前10時に着くそうです。

B：では、午後の会議に間に合いますね。

① A：山田さん、アパートを探しているみたいですね。

B：駅から近い所が見つかって、来月＿＿＿＿＿＿＿＿です。

② A：新聞に出ていましたが、9月からJAモバイルは通信料金を20%＿＿＿＿＿＿＿＿ですよ。

B：私も読みました。JAモバイルに変える人が多くなるかもしれませんね。

③ A：新しい課長は、どんな人か知っていますか。

B：課長の話では、英語がよく＿＿＿＿＿＿＿＿ですよ。

④ A：毎日暑くていやですね。

B：本当ですね。でも、天気予報によると、来週から少し＿＿＿＿＿＿＿＿ですよ。

通信料金：phone charges／通信费／tiền điện thoại

(3) ～(さ)せていただきたいんですが

例を見て、文を完成させてください。

例 部下：父を空港に迎えに行くので2時に<u>早退させていただきたいんですが</u>。

上司：いいですよ。

① 部下：国の父が入院しました。あさってから国に＿＿＿＿＿＿＿＿＿＿。

上司：そうか、心配だね。わかりました。

② (電話で)

部下：課長、インフルエンザにかかってしまいました。それで、今週は

＿＿＿＿＿＿＿＿＿＿＿＿＿＿。

課長：それは大変ですね。

③ 部下：今度、社内報にのせる写真を＿＿＿＿＿＿＿＿＿＿＿＿＿。

部長：いいですよ。いつですか。

④ 部下：課長、来週、高橋さんがS社で新商品のプレゼンをすると聞きました。

課長：うん。

部下：私もいっしょにS社に＿＿＿＿＿＿＿＿＿＿＿＿＿＿。

インフルエンザ：influenza ／流感／ cúm Influenza

社内報：company newsletter ／公司内部报纸／ thông tin trong công ty

商品：product ／商品／ hàng hóa

プレゼン：presentation ／演示／ thuyết trình

（4）～ておく

例(れい)を見て、文を完成(かんせい)させてください。

例 A：新しいパンフレットが届(とど)きました。

B：明日(あした)、展示会(てんじかい)に持っていくので、箱(はこ)に<u>入れておいてください</u>。

① A：来週の会議(かいぎ)の部屋(へや)は決(き)まりましたか。

B：はい、出席者(しゅっせきしゃ)の数(かず)が少ないので、第(だい)3会議室(かいぎしつ)を＿＿＿＿＿＿＿＿＿＿。

② A：会議(かいぎ)、長かったー。ああ、おなかがすいた。

B：そうだろうと思って、コンビニでサンドイッチを＿＿＿＿＿＿＿＿＿＿。

③ A：そろそろお客様(きゃくさま)がいらっしゃる時間ですね。

B：はい。今日はとても寒いので、さきほど応接室(おうせつしつ)のエアコンを

＿＿＿＿＿＿＿＿＿＿。

④ A：新しいプロジェクトの資料(しりょう)です。明日(あした)くわしく説明するので、

明日(あした)までに＿＿＿＿＿＿＿＿＿＿ください。

B：はい、わかりました。

パンフレット：pamphlet ／宣传册、小册子／ pamphlet

プロジェクト：project ／项目／ dự án

 **話すタスク**　Aが初(はじ)めに話す人です。

ロールプレイ 1

ロールカードA（7課-1）

あなたは、ダットです。

今週の木曜日、いとこを成田空港(なりたくうこう)に迎(むか)えに行きたいと村山課長(むらやまかちょう)に話してください。

いとこは、日本語がわかりません。午後4時に空港(くうこう)に着きます。

会社を2時に出たいです。

使ってみよう　ちょっとよろしいですか　　早退(そうたい)させていただきたいんですが

ロールカードB（7課-1）

あなたは、課長(かちょう)の村山(むらやま)です。

ダットさんが話しに来たら、答えてください。

仕事が大丈夫(だいじょうぶ)か聞いてから、早退(そうたい)してもいいと言ってください。

使ってみよう　仕事は大丈夫(だいじょうぶ)ですか

ロールプレイ 2

ロールカードA（7課-2）

あなたは、YMYソリューションズの社員です。

来週の月曜日に、子どもの運動会があります。

課長に、午前中の仕事が終わったら早退したい、と頼んでください。

運動会：sports day ／运动会／ hội vận động

ロールカードB（7課-2）

あなたは、YMYソリューションズの課長です。

Aさんの話を聞いて、答えてください。

ロールプレイ 3

ロールカードA（7課-3）

あなたはYMYソリューションズの社員です。
友だちが、仕事でベトナムに行きます。ベトナム出身(しゅっしん)の人を紹介(しょうかい)してほしいそうです。
その友だちに、同期(どうき)のベトナム人社員Bさんの電話番号(ばんごう)を教えようと思っています。
Bさんに理由(りゆう)を説明して、電話番号(ばんごう)を教えていいか聞いてください。

ロールカードB（7課-3）

あなたは、YMYソリューションズのベトナム出身(しゅっしん)の社員です。
ベトナムのことをいろいろ聞かれるのは大好きです。
あまり知らない人には、電話番号(ばんごう)を教えたくありません。
同期(どうき)のAさんの話に答えてください。

 応用タスク　表現のちがいを知ろう！

何かを頼むときの呼びかけ方や説明の仕方は、どれがいいですか。答えは一つでないこともあります。

(1) 部下：ちょっと {いい？ ／ いいですか。／ よろしいですか。}

課長：はい、何ですか。

部下：来週の金曜日の午後、卒業した大学で話をしてほしいと {頼まれちゃいました。／ 頼まれているんですが。／ 頼まれたんだ。}

課長：仕事はどうなっていますか。

部下：金曜日の午後は大事な予定は {ありませんよ。／ありませんね。／ありません。}

課長：では、課のみんなにも話しておいてください。

(2) AとBは同期

A：ちょっと {いい？ ／ いいですか。／ よろしいですか。}

B：え、何？

A：昨日参加したITフェアの報告書を書いているんだけど、むずかしくて。

B：うん。

A：この前のソフトウェア開発展の報告書、どう書いたか {見せてくれない？ ／ 見せてください。／ 見せていただけませんか。}

B：うん、いいよ。

A：ありがとう。{助かる。／ 助かるね。／ 助かるよね。}

ITフェア：IT fair ／ IT展览会／ triển lãm công nghệ

ソフトウェア開発展：software development exhibition ／软件开发展览会／ triển lãm phát triển phần mềm

5課〜7課 | 7月〜9月 | 復習

総合タスク2

ロールプレイ1〜3は、一つのストーリーになっています。
出てくる人は、YMYソリューションズの村山課長、石川、オウ、伊藤です。

＊Aが初めに話す人です。

1 ある日、居酒屋で

ロールカードA（総合タスク2-1）

あなたは、石川です。
このごろ、後輩のオウさんはあまり元気がありません。
話を聞いて、はげましてください。

ロールカードB（総合タスク2-1）

あなたは、オウです。
このごろ、中国の会社と連絡することが多く、とても忙しいです。
でも、会社には中国語がわかる人がほかにいません。
一人で全部やらなければならないので、とても大変です。
そのことを先輩の石川さんに言ってください。

2 別の日に、居酒屋で

ロールカードA（総合タスク2-2）

あなたは、石川です。
ダットさんから、伊藤さんは中国語ができると聞きました。
オウさんがとても忙しくて大変そうなので、伊藤さんにオウさんの仕事を手伝うように頼んでください。

ロールカードB（総合タスク2-2）

あなたは、伊藤です。

大学の時、中国語を勉強しました。

中国語の会話はあまりできません。

石川さんに、中国語をもっと勉強しようと思っていることを言ってください。

3 YMYソリューションズITサービス課　村山課長の机で

ロールカードA（総合タスク2-3）

あなたは、伊藤です。

中国語で仕事ができるように、もっと勉強したいと思っています。中国語教室に通うために木曜日は少し早く帰りたいと思っています。

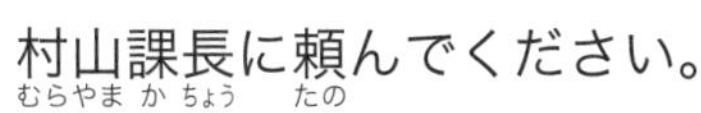

村山課長に頼んでください。

ロールカードB（総合タスク2-3）

あなたは、村山課長です。

伊藤さんが話しに来たら、答えてください。

仕事が大丈夫か聞いてから、早退してもいいと言ってください。

Can-doチェックリスト（1）

★☆☆　勉強した　★★☆　たぶん大丈夫　★★★　かんぺき！

タイトル		ひょうか	コメント
1課 4月 新任のあいさつ	①初めて会う人に適切な自己紹介ができる You can introduce yourself appropriately to those you meet for the first time 对初次见面的人，能够用恰当的语言做自我介绍 Có thể giới thiệu bản thân một cách thích hợp với người lần đầu gặp mặt	☆☆☆	
	②同僚など、年の近い人に適切な自己紹介ができる You can introduce yourself appropriately to colleagues and other people of a similar age to you 对同事等年龄相仿的人，能够用恰当的语言做自我介绍 Có thể giới thiệu bản thân một cách thích hợp với đồng nghiệp hoặc những người gần bằng tuổi	☆☆☆	
2課 4月 電話がこわい	③会社にかかってきた電話に出て、ほかの社員につなぐことができる You can answer a call to your company and transfer it to other employees 能够接打给公司的电话，将其转给其他员工 Trả lời điện thoại gọi đến công ty và có thể nối máy cho đồng nghiệp khác	☆☆☆	
	④会社にかかってきた電話に出て、ほかの社員につなげないことをかんたんに説明できる You can answer a call to the company and give a simple explanation of why you cannot transfer the call to other employees 能够接打给公司的电话，简单地进行应答，告诉对方其他员工无法接听 Trả lời điện thoại gọi đến công ty và giải thích đơn giản rằng không thể nối máy cho nhân viên khác	☆☆☆	

タイトル		ひょうか	コメント
3課 5月 ミスをして謝る(あやま)	⑤社内(しゃない)でミスをしたとき、謝る(あやま)ことができる If you make a mistake in the company, you can apologize 在公司做错了事情时，能够进行道歉 Có thể xin lỗi khi mắc lỗi trong công ty	☆☆☆	
	⑥社内(しゃない)でミスをしたとき、その状況(じょうきょう)を説明することができる If you make a mistake in your company, you can explain the situation 在公司做错了事情时，能够就其情况进行说明 Khi mắc lỗi trong công ty, có thể giải thích được tình huống đó	☆☆☆	
4課 6月 仕事が山積み(やまづ)	⑦同僚(どうりょう)に、自分の仕事の状況(じょうきょう)を説明することができる You can explain your work situation to colleagues 能够就自己的工作情况向同事进行说明 Có thể giải thích được tình huống công việc của mình cho đồng nghiệp	☆☆☆	
	⑧同僚(どうりょう)に、仕事に関係(かんけい)のあることを頼む(たの)ことができる You can make work-related requests to colleagues 能够委托同事办理与工作有关的事情 Có thể nhờ đồng nghiệp chuyện có liên quan đến công việc	☆☆☆	

タイトル		ひょうか	コメント
5課 7月 飲みニケーション	⑨同僚に、心配なことについて話すことができる You can talk to colleagues about concerns 能够向同事讲述自己担心的事情 Có thể nói với đồng nghiệp về việc mình đang lo lắng bận tâm	☆☆☆	
	⑩同僚が心配していることを聞いて、はげますことができる You can encourage your colleagues after hearing what they are worried about 听了同事所担心的事情后，能够进行鼓励 Nghe về mối bận tâm lo lắng của đông nghiệp và có thể động viên đồng nghiệp	☆☆☆	
6課 8月 夏休みはいつ取る？	⑪同僚に、自分の予定や計画についてかんたんに説明することができる You can give a simple explanation of your plan or schedule to colleagues 能够就自己的预定和计划，向同事进行简单的说明 Có thể giải thích với đồng nghiệp về những dự định và kế hoạch của bản thân sắp tới	☆☆☆	
	⑫休みを取る時期や予定について、同僚と相談して決めることができる You can consult with colleagues to decide plans and when to take a holiday 能够就休假的时期和计划，和同事一起商量决定 Có thể quyết định về dự định và thời điểm nghỉ phép bằng cách tham khảo với đồng nghiệp	☆☆☆	

タイトル		ひょうか	コメント
7課 9月 いとこを空港（くうこう）まで迎（むか）えに	⑬上司（じょうし）や同僚（どうりょう）に許可（きょか）をもらいたいとき、うまく話を始めることができる You can naturally start a conversation with your boss or colleagues when you want to get permission for something 在希望得到上司或同事的许可时，能够恰如其当地切入话题 Bạn có thể bắt đầu câu chuyện thật tốt khi muốn xin phép cấp trên hoặc đồng nghiệp	☆☆☆	
	⑭上司（じょうし）や同僚（どうりょう）に、許可（きょか）を求（もと）めることができる You can ask your boss or colleagues for permission 能够向上司或同事提出希望得到许可的请求 Có thể xin phép cấp trên hoặc đồng nghiệp	☆☆☆	

10月

8課(か) 食欲(しょくよく)の秋

聞くタスク  19

正しいものに◯をつけてください。

(1)　①　②　③

(2)　①　②　③

(3)　①　②　③

食欲(しょくよく):appetite／食欲／muốn ăn
不満(ふまん):dissatisfaction／不満意／bất mãn

モデル会話 20

オウ……ダットさんは、いつもおにぎりね。
みんながよく行っているつばめ食堂には行かないの？

ダット……はい、昼休みが短いので、食堂に行くと、午後の始まりにおくれそうでこわいです。

オウ……私も、食堂に行くのは時間のあるときだけ。

ダット……そうですか。今日はコンビニ弁当(べんとう)ですか。

オウ……ええ、健康(けんこう)のために野菜が入っているほうがいいと思って、お弁当(べんとう)にしたの。ダットさん、おにぎりよりお弁当(べんとう)のほうが体にいいと思うけど。

ダット……はい。でも、弁当(べんとう)はご飯が少なすぎるし、おにぎりが大好きなので、毎日5個(こ)食べます。
ところで、うちには社員食堂がないので、不便ですよね。

オウ……まあ、そうだけど、仕方ないかな。

ダット……友だちの会社には社員食堂があって、安くておいしいそうです。
どうしてうちの会社にはないんですか。

オウ……うちは小さい会社だし、社員食堂はお金がかかるからだと思う。

ダット……そうですか。残念(ざんねん)です。社員食堂ができて、ベトナム料理があったら最高(さいこう)なんですけど。

オウ……社員食堂で世界の料理が食べられたら楽しいよね。

コンビニ弁当(べんとう)：convenience store bento ／便利店便当／ cơm hộp combini

練習問題

(1) ～そうだ(様態)

例を見て、文を完成させてください。

例 A:来週の食事会ですけど、駅の近くの新しい和食の店はどうでしょうか。

B:ああ、あのきれいな店ですね。入ったことはないけれど、値段が高そうですよ。

① A:初めて山田さんに会ったとき、＿＿＿＿＿＿＿＿な人だと思いました。

B:本当はやさしい人なんですけど、初めはみんなにそう思われるみたいですよ。

② A:足、どうしたんですか。とても＿＿＿＿＿＿＿＿ですね。

B:ええ、雪ですべって転んでしまったんです。

③ A:今度デートするんだけど、どこがいいと思う？

B:渋谷の「アルア」はどう？

A:ああ、有名な店ね。ネットで見たことあるけど＿＿＿＿＿＿＿＿店だね。

④ A:この本はどうですか。絵も多いし、漢字もあまり使われていませんよ。

B:これなら子どもでも＿＿＿＿＿＿＿＿ですね。

和食:Japanese food／日餐／đồ ăn nhật

転ぶ:fall over／摔倒／vấp ngã

(2) ～くて／で (理由・原因)

例を見て、文を完成させてください。

例 A:昨日パソコンショップに行って、新しいパソコンを買ったんですか。

B:いいえ、ほしいのは20万円でした。高くて買えませんでした。

① A:課長のスピーチ、よくわかりましたか。

B:ううん、知らないことばがたくさん出てきたので、＿＿＿＿＿＿＿＿

よくわかりませんでした。

② A:ここに何て書いてある？　字が＿＿＿＿＿＿＿＿読めないよ。

B:うーん。私、目がいいんだけど、私にも読めない。

③ A:おそかったですね。

B:すみません。＿＿＿＿＿＿＿＿で道が混んでいました。

④ A:大きい台風が近づいていますね。明日会社に来られるかな？

B:わからない。この前は風が＿＿＿＿＿＿＿＿電車が止まったからね。

（3）～すぎる

例を見て、文を完成させてください。

例 A：バーベキューの肉、少し多めに準備したほうがいいですよね。10キロでどうでしょうか。

B：うーん、参加者は10人だから、10キロは<u>多すぎる</u>んじゃないかな。

①（旅行会社で）

社員：北海道で一番人気のあるホテルでしたら、星の宿はどうでしょうか。1泊8万円からです。

客：えっ、8万円！　それはちょっと＿＿＿＿＿＿＿＿ますね。

② A：最近、土日も働いているんだ。

B：大丈夫？　一生懸命なのはわかるけど、＿＿＿＿＿＿＿＿のはよくないよ。

③ A：試験の問題はむずかしくてもいいのですが、これは＿＿＿＿＿＿＿＿と思います。

B：そうですか。それではもう少しやさしくします。

④ A：具合が悪そうですね。どうしたんですか。

B：実は、大学の友だちの集まりで＿＿＿＿＿＿＿＿て、胃が痛いんです。

バーベキュー：barbecue ／烧烤／ thịt nướng

1泊：per night ／住一个晚上／ 1 đêm

実は：actually ／其实／ thực ra

(4) ～くて～／～で～ (並列)

例を見て、文を完成させてください。

例 A:牛丼のぎゅう屋は「安い、おいしい」をモットーにしているそうです。

B:本当にあそこの牛丼は安くておいしいです。

① 店員:このスーツケースは軽いです。そしてどのメーカーのより丈夫です。

客:スーツケースは＿＿＿＿＿＿＿＿＿＿＿＿＿＿＿のが一番ですね。

② 店員:このショッピングモールは日本一広いです。それに清掃スタッフがいつも掃除をしているのでどこもきれいです。

客:本当ですね。＿＿＿＿＿＿＿＿＿＿＿＿＿＿＿＿＿＿＿＿ですね。

③ (不動産会社で)

客:駅から＿＿＿＿＿＿＿＿、家賃が＿＿＿＿＿＿＿＿アパートを探しています。

社員:こちらはいかがでしょうか。

狭いですけれど、駅から5分で、家賃は月3万円です。

④ A:4月に仙台支店から来る課長は、学生時代にバンドで歌っていたそうです。それに雑誌のモデルだったみたいですよ。

B:へえー、＿＿＿＿＿＿＿＿＿＿＿＿＿＿＿＿＿＿＿＿課長なのね。

牛丼:beef bowl ／牛肉盖饭／ cơm thịt bò
モットー:motto ／宗旨／ khẩu hiệu, phương châm
メーカー:manufacturer ／厂商／ thương hiệu
ショッピングモール:shopping mall ／购物中心、商城／ trung tâm mua sắm
清掃スタッフ:cleaning staff ／保洁员／ nhân viên dọn vệ sinh
不動産会社:real-estate company ／房地产公司／ công ty bất động sản
家賃:rent ／房租／ tiền nhà
バンド:band ／乐队／ ban nhạc

話すタスク　Aが初(はじ)めに話す人です。

ロールプレイ 1

ロールカードA（8課-1）

あなたは、オウです。

昼ご飯は、近くのつばめ食堂に行くか、コンビニ弁当(べんとう)を食べます。

ダットさんは、いつもおにぎりばかり食べています。

あなたは、それは健康(けんこう)によくないと思っています。

食堂やコンビニ弁当(べんとう)のほうがいいとアドバイスしてください。

ロールカードB（8課-1）

あなたは、ダットです。

おにぎりが大好きなので、毎日5個(こ)食べます。

友だちの会社のように、社員食堂があるといいと思っています。

オウさんに、話してください。

ロールプレイ 2

ロールカードA（8課-2）

あなたは、外国出身（しゅっしん）で、日本の会社で働いています。

仕事も会社も好きですが、休みが少ないと思っています。

子どもがいるのでもっと休みたいです。

友だちの会社は、もっと休みが多いです。

休みについて思っていることを、同僚（どうりょう）のBさんに話してください。

ロールカードB（8課-2）

あなたは、中国出身（しゅっしん）で、日本の会社で働いています。

Aさんの同僚（どうりょう）です。

日本も会社も仕事も好きです。

毎年、春節（しゅんせつ）には国に帰っているので、休みについて不満（ふまん）は感（かん）じていません。

Aさんの話を聞いて、休みについて自分の考えを言ってください。

春節（しゅんせつ）：Chinese New Year ／春节／ tết nguyên đán

ロールプレイ 3

ロールカードA（8課-3）

あなたは、半年(はんとし)前に家の近くのスポーツジムの週末(しゅうまつ)会員になりました。

でも、週末(しゅうまつ)はいつも混(こ)んでいて、どのマシンも人でいっぱいです。

会費(かいひ)は1か月1万円なので高いです。

会社の先輩(せんぱい)、Bさんと話してください。

スポーツジム：gym ／健身房／ tập zym

週末会員(しゅうまつかいいん)：weekend member ／周末会员／ hội viên sử dụng cuối tuần

会費(かいひ)：membership fee ／会费／ hội phí

ロールカードB（8課-3）

あなたは、Aさんと同じ会社で働く先輩(せんぱい)です。

あなたは会社の近くの24時間営業(えいぎょう)のスポーツジムの会員です。

仕事の前に毎朝ジムに行きますが、ジムは混(こ)んでいません。

会費(かいひ)は1か月8500円です。

Aさんの不満(ふまん)を聞いて、自分の考えを言ってください。

24時間営業(えいぎょう)：open 24 hours ／ 24小时营业／ hoạt động 24/24

スポーツジム：gym ／健身房／ tập zym

会費(かいひ)：membership fee ／会费／ hội phí

応用タスク　上手に断ってみよう！

どの言い方が一番いいですか。

(1) **課長**：Z社の仕事があるので、来週の土曜日に、出社してもらえない？

部下：申し訳ありません。来週の土曜日は

① 友だちの結婚式に出るので無理です。
② 友だちの結婚式がありますから出社できません。
③ 友だちの結婚式があるんです。

(2) **課長**：悪いけど、すぐにこの数字をグラフにしてくれる？

部下：申し訳ありません。今から

① Z社に行くのでできません。
② Z社に行くんですが……。
③ Z社に行きます。

(3) **先輩**：野球見に行かない？

後輩：すみません。

① 野球はきょうみがありません。
② 野球はちょっと……。
③ 野球は見に行きません。

(4) AとBは同期

A：このチョコ、おいしいから食べない？

B：ありがとう。でも、

① ダイエット中だからいやだ。
② ダイエット中なんだ。
③ チョコレートは食べたくない。

ダイエット：diet ／减肥／ giảm cân

11月

9課 旅行に行くなら

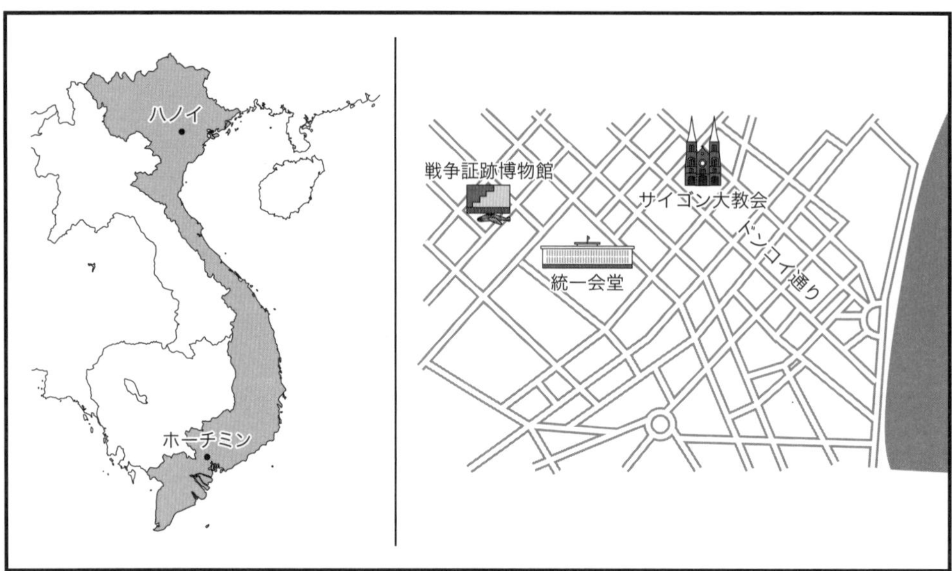

聞くタスク  21

正しいものに○をつけてください。

(1) ① ② ③

(2) ① ② ③

(3) ① ② ③

連休(れんきゅう):consecutive holidays／小长假／ngày nghỉ liên tục

3泊(ぱく)4日:4 days 3 nights／三宿四日／4 ngày 3 đêm

観光(かんこう):sightseeing／观光／tham quan

女子旅(たび):girls' trip／女子游（只有女性参加的旅游）／du lịch chỉ toàn nữ giới

エステ:beauty treatment／美容／làm đẹp

モデル会話  22

北山（きたやま）……………ダットさん、今度ベトナムに行くんです。

ダット…………じゃあ、ぼくが休みを取（と）って案内（あんない）してあげますよ。

北山（きたやま）……………ありがとう。でも、大学時代の友だちと3人で行くので大丈夫（だいじょうぶ）。どこがいいか教えてもらえますか。

ダット…………そうですね。ベトナムに行くなら、ホーチミンとハノイは行ったほうがいいですね。

北山（きたやま）……………3泊（ぱく）4日しかいないから、ずっとホーチミンなんです。

ダット…………じゃあ、中央郵便局（ちゅうおうゆうびんきょく）とサイゴン大教会ですね。

北山（きたやま）……………ガイドブックにもいいって書いてあったけど、やっぱりそうですか。

ダット…………はい、おすすめです。

北山（きたやま）……………女子旅（たび）なので、エステや買いものもしたいんですが。

ダット…………ドンコイ通（どお）りにはいろいろあるようだけど……。ぼくは女子じゃないので。

北山（きたやま）……………そうですね。

ダット…………今度、日本にいるいとこを紹介（しょうかい）します。女の子なので、いろいろ知っていると思います。

北山（きたやま）……………ほんと？　ありがとう。よろしくお願（ねが）いします。

中央郵便局（ちゅうおうゆうびんきょく）：central post office ／中央邮局／ bưu điện trung tâm

サイゴン大教会：Saigon Grand Church ／西贡圣母大教堂／ nhà thờ Đức Bà

ガイドブック：guidebook ／旅游指南／ sách hướng dẫn

おすすめ：recommendation ／推荐／ đề xuất

ドンコイ通（どお）り：Dong Khoi Street ／东桂街／ đường Đồng Khởi

練習問題

(1) ～てもらえますか

例を見て、文を完成させてください。

例 (AとBは同僚)

A:すみません。報告書の日本語をチェックしてもらえますか。

B:いいですよ。今日中に見ておきます。

① (AとBは同僚)

A:そろそろ行きましょうか。会場に30分前に着いたほうがいいと思います。

B:あと少し＿＿＿＿＿＿＿＿＿＿。今、K社にメールを書いているので。

② (レストランで)

客:すみません。写真を＿＿＿＿＿＿＿＿＿＿。

お店の人:いいですよ。はい、みなさん笑ってください。

③ (AとBは同僚)

A:たくさんおかしをもらいました。私一人では食べられないので、

よかったら＿＿＿＿＿＿＿＿＿＿。

B:ありがとう。おいしそうですね。

④ 後輩:店の名前がむずかしくて覚えられません。ここに＿＿＿＿＿＿＿＿＿＿。

先輩:いいよ。ペンを貸して。

（2）～なら

例(れい)を見て、文を完成(かんせい)させてください。

例 A：コンビニに弁当(べんとう)を買いに行ってきます。

B：コンビニに<u>行くなら</u>、お茶を買ってきてくれる？

① A：朝早く起きられないんです。

B：早く起きたいなら、＿＿＿＿＿＿＿＿＿＿＿＿＿＿＿＿＿＿。

② A：夏休みに国の両親(りょうしん)が日本に来ます。

B：そうですか。ご両親(りょうしん)がいらっしゃるなら、＿＿＿＿＿＿＿＿＿＿＿＿。

③ A：初(はじ)めて山田(やまだ)さんと食事に行くんだけど、どんな店がいいかな？

B：初(はじ)めてのデートなら、＿＿＿＿＿＿＿＿＿＿＿＿＿＿＿＿＿。

④ **大学の後輩(こうはい)**：卒業(そつぎょう)したら日本で就職(しゅうしょく)したいと思っています。

大学の先輩(せんぱい)：日本で仕事をしたいなら、＿＿＿＿＿＿＿＿＿＿＿＿＿＿。

（3）〜って

例(れい)を見て、文を完成(かんせい)させてください。

例 A:山田(やまだ)さんから林(はやし)さんが結婚(けっこん)するって聞きました。

B:えっ、ほんと！

① A:山田(やまだ)さんもパーティーに参加(さんか)するんですよね？

B:いいえ、用事があるので＿＿＿＿＿＿＿＿＿＿言っていました。

② A:大谷(おおたに)さんは何時ごろ会社にもどってくる予定(よてい)になっている？

B:＿＿＿＿＿＿＿＿＿＿言っていました。

③ A:新しい部長(ぶちょう)ってどんな人かな？

B:井上(いのうえ)さんから＿＿＿＿＿＿＿＿＿＿聞きました。

④ A:明日(あした)の会議(かいぎ)、10時からA会議室(かいぎしつ)だったよね？

B:私の予定表(よていひょう)には＿＿＿＿＿＿＿＿＿＿書いてあります。

(4) ～てある

例をみて、文を完成させてください。

例 A：会議の資料のコピー、時間までにできますか。

B：はい、もうコピーしてあります。

① A：来月パソコンのセミナーがあるんですか。

B：はい、ろうかにポスターが＿＿＿＿＿＿＿＿。

② A：課長の今日の予定がわかりますか。

B：かべの予定表に＿＿＿＿＿＿＿＿から、見て。

③ A：山田商会との契約のこと、部長にまだ報告してないんですが。

B：ああ、そのことならもう＿＿＿＿＿＿＿＿。

④ A：コピー機のインクがだいぶ少なくなったので、注文したほうがいいですね。

B：はい、もう＿＿＿＿＿＿＿＿。午後には届くと思います。

ポスター：poster ／宣传画、招贴画／ áp phích

契約：contract ／合同／ hợp đồng

注文する：order ／订货／ gọi món

 **話すタスク**　Aが初めに話す人です。

ロールプレイ 1

ロールカードA（9課-1）

あなたは、北山です。

大学時代の女の子の友だちと3人で、ベトナム旅行に行きます。

3泊4日の予定でホーチミンに行きます。

エステや買いものをしたいと思っています。

ダットさんにいろいろ相談してください。

使ってみよう　教えてもらえますか

ロールカードB（9課-1）

あなたは、ダットです。

北山さんにベトナム旅行について聞かれたら、教えてあげてください。

ヒント
- ホーチミンでいい所は、中央郵便局、サイゴン大教会
- 買いものはドンコイ通りがいい
- わからないことは、日本にいるいとこの女の子を紹介するので聞いてほしい

ロールプレイ 2

ロールカードA（9課-2）

あなたは、入社1年目の社員です。

新しいスーツを買いたいと思っています。

先輩(せんぱい)のBさんにどこで買ったらいいか聞いてください。

体にフィットするスーツがほしいです。

なるべく安いほうがいいです。

あまり買いものは好きではありません。

フィットする：fit ／合身／ phù hợp

ロールカードB（9課-2）

あなたは、入社3年目の社員です。

後輩(こうはい)のAさんにスーツについて相談(そうだん)されたら、いろいろ教えてあげてください。

ヒント ①スーツがたくさんある「スーツガーデン」に行って、着てみてから買う

②自分の写真とサイズを入れると、似合(にあ)うスーツがスマホで見られるアプリがある

③アプリを使って買うと30%安くなる

アプリ：app ／应用程序／ phần mềm

ロールプレイ 3

ロールカードA（9課-3）

あなたは、新しいスマホを買うことにしました。

通信会社がたくさんあってどこがいいかわかりません。

先輩のBさんに相談してください。

1か月の料金は安いほうがいいです。

電車の中で動画をよく見ます。

アプリもたくさん入れたいです。

電話はほとんど使いません。

動画：video ／视频／ video

ロールカードB（9課-3）

あなたは、通信会社のスマホの料金についてよく知っています。

後輩のAさんに相談されたら、二つの通信会社をすすめてください。

アルファモバイル	Y’mo（ワイモ）
storage 5G	storage 6G
電話5分無料	電話10分無料
通信量　5G/月	通信量　7G/月
1530円/月	2480円/月

通信量：allowance ／通讯量／ dung lượng mạng

応用タスク　上手に頼んでみよう！

どの言い方がいいですか。答えは一つでないこともあります。

(1) 後輩：すみません。報告書の日本語を {チェックしてね。／ チェックしてもらえますか。／ チェックしてもらいたいんだけど。}

先輩：はい。あれっ、会社名がちがっているよ。

(2) (スポーツクラブの受付で)

受付の人：会員証を {見せてね。／ 見せてもらえますか。／ 見せていただけますか。}

客：はい。

(3) 店長：この商品、在庫があるか {調べて。／ 調べてもらいたいんだけど。／ 調べていただけますか。}

アルバイト：はい、わかりました。

(4) (AとBは同期)

A：今日は、子どもの誕生日で残業できないんだ。明日使う資料の準備がもう少し残っているんだけど、{手伝って。／ 手伝ってもらえる？／ 手伝っていただける？}

B：うん、わかった。この前、助けてもらったし、まかせといて。

(5) 部下：あのう、来週の木曜日午後2時にフジ商会のアポがあるんですが、課長も {同席、大丈夫ですか。／ 同席してもらえませんか。／ 同席していただけませんか。}

課長：フジ商会も課長がいらっしゃるんですね。わかりました。

会員証：membership card ／会员证／ thẻ hội viên
在庫：stock ／库存／ tồn kho
アポ：appointment ／预约见面／ cuộc hẹn
同席（する）：attend ／一起出席／ có mặt chung

12月

10課(か) 忘年会(ぼうねんかい)の幹事(かんじ)

聞くタスク  23

正しいものに◯をつけてください。

(1)　①　②　③

(2)　①　②　③

(3)　①　②　③

忘年会(ぼうねんかい)：year-end party ／忘年会、辞旧迎新联欢会／ tiệc tất niên

幹事(かんじ)：organizer and host ／干事、召集人／ người tổ chức

モデル会話 24

ダット ………… すみません。オウさん、お聞きしたいことがあるんですが。

オウ ………… 何ですか。

ダット ………… 忘年会(ぼうねんかい)の店なんですが。

オウ ………… ああ、今年はダットさんが幹事(かんじ)ね。

ダット ………… 忘年会(ぼうねんかい)の店をどこにしたらいいかわかりません。みんなが好きな店ってどこですか。

オウ ………… そうねえ。去年は和食(わしょく)の店だったから、今年は、ちがう料理のほうがいいんじゃない？

ダット ………… ぼくの家の近くにおいしいベトナム料理の店があるんですけど。

オウ ………… ベトナム料理は食べたいけど、ダットさんの家の近くだと、会社から遠いでしょ。忘年会(ぼうねんかい)は会社の近くの店がいいと思う。

ダット ………… じゃあ、みんながランチによく行く「つばめ食堂」はどうですか。

オウ ………… うーん、あそこじゃちょっと……。忘年会(ぼうねんかい)だから、料理がおいしくて、お酒(さけ)が飲める人も飲めない人も楽しめる店がいいんじゃない？　インターネットで調(しら)べると、いろいろ出てくるはずよ。

ダット ………… はい、見てみます。ありがとうございます。

練習問題

(1) お～する

例を見て、文を完成させてください。

例（電話で）

客：あの、荷物がまだ届いていないんですが。

店員：申し訳ありません。すぐにお届けします。

①（電話で）

客：次回のセミナーはいつですか。

担当者：まだ決まっていませんが、決まりましたらすぐにメールを ＿＿＿＿＿＿＿＿＿＿。

②（病院で）

患者：もう診察券を出してから、1時間も待っているんですけど、まだですか。

受付の人：順番が来ましたら、お名前を ＿＿＿＿＿＿＿＿＿＿。もうしばらくお待ちください。

③（受付で）

客：JJクラブのパンフレットがほしいんですけど。

受付の人：はい、少々お待ちください。すぐに ＿＿＿＿＿＿＿＿＿＿。

④ 後輩：来週、＿＿＿＿＿＿＿＿＿＿ので、その本をお借りしてもいいですか。

先輩：ええ、どうぞ。

診察券：patient registration card ／挂号证／ phiếu khám bệnh

（2）疑問詞＋～たらいいか

例を見て、文を完成させてください。

例 **後輩**：報告書を書かなければなりません。でも、<u>どう書いたらいいか</u>わかりません。

先輩：じゃあ、私が書いた報告書を見て書いてください。

① **後輩**：エアコンの調子が悪いですね。どこに＿＿＿＿＿＿＿＿＿＿わかりますか。

先輩：私もよくわからない。とりあえず総務課に電話してみたら？

② A：この町、昔はにぎやかだったらしいですね。昔のことを知りたいんですが、だれに＿＿＿＿＿＿＿＿＿＿わかりますか。

B：それなら、太田さんがいいと思います。昔からここに住んでいますから。

③ **後輩**：来月、初めて海外に長期出張します。何を＿＿＿＿＿＿＿＿＿＿アドバイスしてもらえますか。

先輩：おなかをこわしたり、かぜをひいたりするかもしれないから、薬は必要ですね。

④ **後輩**：セミナーに参加したいんですが、いつまでに＿＿＿＿＿＿＿＿＿＿知っていますか。

先輩：来週の金曜日が申し込みの締め切りだって聞いたけど、早いほうがいいと思うよ。

調子が悪い：be out of order ／有问题、有毛病／ không được khỏe
長期出張：long business trip ／长期出差／ công tác dài ngày
締め切り：deadline ／截止日期／ hạn

（3）こ／そ／あ

いいと思うことばを選んでください。

例 A：さっき若い男性が課長に会いに来ました。

B：{この ／ [その] ／ あの} 人、何という名前だった？

① 後輩：昨日営業の山本さんと飲みました。お酒が強いですね。びっくりしました。

先輩：{この ／ その ／ あの} 人はいくら飲んでも大丈夫らしいよ。

② 後輩：昨日UFOを見たんです。

先輩：{これ ／ それ ／ あれ} って本当にUFOだったの？

③ 部下：2月に行ったヨーロッパは寒かったですね。

上司：そうそう、{この ／ その ／ あの} ときは寒くて大変だったね。

④（A、Bは同僚）

A：部長やめるらしいです。

B：ほんと！

A：{この ／ その ／ あの} 話は、だれにも言わないでくださいね。

やめる：quit ／辞职／ nghỉ, bỏ

(4) ～はずだ

例を見て、文を完成させてください。

例 A:田中さんは英語が上手ですね。

B:英語だけでなく中国語も上手なはずです。中国の大学に留学していましたから。

① A:大木さんは山田さんが結婚したのを知らないみたいですね。

B:ええっ、＿＿＿＿＿＿＿＿ですよ。森川さんが大木さんに話したって言っていましたから。

② A:西田さん、まだ来てないの？

B:はい。でも、8時ごろの電車に乗るって言っていたので、もうすぐ＿＿＿＿＿＿＿＿です。

③ A:X社から、注文した商品はいつ届くのかという問い合わせがありました。

B:おかしいですね。おととい送ったので、もう＿＿＿＿＿＿＿＿ですけど。

④ 上司:会議室を使いたいんだけど、どこか空いているかな？

部下:今日は会議がないので、どの部屋も＿＿＿＿＿＿＿＿です。

問い合わせ: inquiry／询问／hỏi và xác nhận

話すタスク　Aが初めに話す人です。

ロールプレイ 1

ロールカードA（10課-1）

あなたは、ダットです。

今年は忘年会の幹事をすることになりました。

自分の家の近くに、おいしいベトナム料理の店があるので、

そこはどうかと思っています。

どんな所がいいか、オウさんにいろいろ聞いてください。

使ってみよう　お聞きしたいことがあるんです　　見てみます

ロールカードB（10課-1）

あなたは、オウです。

毎年、課の忘年会があり、その年に入社した社員が幹事をします。

忘年会の会場は、会社から近い所、料理がおいしくて、

みんなが楽しめる店がいいと思っています。

ダットさんに聞かれたら、アドバイスをしてください。

ロールプレイ 2

ロールカードA（10課-2）

あなたは、昼休みに会社の近くの食堂にいます。

先輩のBさんといっしょにランチを食べています。

給料が1年間働くとどのくらい上がるのか、よくわからないので知りたいです。

Bさんに、いろいろ聞いてください。

ほかの人たちにも聞いていいか、Bさんに相談してください。

ロールカードB（10課-2）

あなたは、昼休みに会社の近くの食堂にいます。
後輩のAさんといっしょにランチを食べています。
何か聞かれたら、答えてください。
日本では、お金の話は好きではない人がいることを伝えてください。

ロールプレイ 3

ロールカードA（10課-3）

あなたは、入社1年目の外国人社員です。
来週の土曜日に村山課長の家に呼ばれました。
上司の家に行くのは初めてです。
夜7時ごろ来るように言われました。
課長の家に行く時間、おみやげ、
あいさつなどがよくわかりません。
同期のBさんに相談してください。

ロールカードB（10課-3）

あなたは、入社1年目の日本人社員です。
同期のAさんから何か聞かれたら、答えてください。

ヒント
- 7時ごろ＝6時50分～7時15分ぐらいの間
- おみやげ＝1000円～2000円くらい
  の花やおかし、自分の国のもの
- かんたんな自己紹介
- 課長にお世話になっているお礼

応用タスク　上手にYes・Noの返事をしてみよう！

返事をするときは、相手との関係によって言い方が変わります。

相手を見て、どの返事がいいか考えて、いいと思うことばを選んでください。

答えは一つでないこともあります。

(1) Yesの場合

① **上司**：すぐにデータをアップデートできますか。

部下：{OK。／うん、わかった。／はい、わかりました。}

② (AとBは同期)

A：すぐにデータをアップデートできる？

B：{OK。／うん、わかった。／はい、わかりました。}

(2) Noの場合

① **上司**：すぐにデータをアップデートできますか。

部下：{いいえ、／無理です。／えーっと、} 今、急ぎの仕事が入っていますので、午後からでいいですか。

② (AとBは同期)

A：すぐにデータをアップデートできる？

B：{いいえ、／だめ、／えーっと、} 今、急ぎの仕事が入っているから、午後からでいい？

(3) **店長**：在庫のチェックをしましたか。

アルバイト：{ごめん。／ううん。／すみません。} これからします。

(4) (AとBは同期)

A：今晩、飲みに行かない？

B：{ごめん。／ううん。／すみません。} 今日は予定があるんだ。

アップデート：update／(程序) 更新、升级／cập nhật

総合(そうごう)タスク3

ロールプレイ1と2は、一つのストーリーになっています。
出てくる人は、YMYソリューションズのダット、オウ、石川(いしかわ)です。

＊Aが初(はじ)めに話す人です。

村山課長(むらやまかちょう)が言いたいこととダットさんが思ったことは、ちがうようです。下のイラストを見て何があったか考えましょう。

1課 2課 3課 4課 5課 6課 7課 8課 9課 10課 11課 12課 13課 14課 総合タスク 1 2 3 4 Can-doリスト 1 2

1 居酒屋で

ロールカードA（総合タスク3-1）

あなたは、ダットです。

今日、村山課長から仕事を頼まれましたが、急ぎの仕事だと思いませんでした。

勉強した日本語とちがうので、会社の日本語はむずかしいと思いました。

先輩のオウさんに今日あったことを話してください。

それから、オウさんに、ほかにもむずかしい日本語があるか聞いてください。

ロールカードB（総合タスク3-1）

あなたは、オウです。

後輩のダットさんの話を聞いて自分の考えを言ってください。

ヒント
- 日本人ははっきり言うのが好きじゃない
- 1年たつとわかるようになるので心配することはない
- 意味がむずかしい日本語の例：

  あとはよろしく→あなたがしてください

  セミナーのポスター作れるかな→セミナーのポスターをあなたに作ってほしいです

2 翌日YMYソリューションズ　石川の机で

ロールカードA（総合タスク3-2）

あなたは、ダットです。

仕事の時間が終わりました。

先輩の石川さんに少し話してもいいか聞いてください。

昨日、あなたがオウさんと居酒屋で話したことを、

石川さんにも話してください。

ロールカードB（総合タスク3-2）

あなたは、石川です。

後輩のダットさんの話を聞いて、びっくりしました。

日本人も気をつけないといけないと思いました。

自分の考えを言ってください。

ヒント　日本人社員が気をつけること（外国人に伝わる日本語、ていねいな説明）

1月

11課 新年のあいさつ

聞くタスク 25

正しいものに○をつけてください。

(1)　①　②　③

(2)　①　②　③

(3)　①　②　③

新年：the New Year ／新年／ năm mới

役所（やくしょ）：government office ／政府机关／ cơ quan hành chính nhà nước

年末年始（ねんまつ）：year-end and New Year period ／年末年初／ cuối năm đầu năm

モデル会話  26

村山課長……みなさん、明けまして、おめでとうございます。今年もがんばっていきましょう。

ルース…………はい、みなさん、今年もよろしくお願いします。
私はフィリピンに帰ったんですが、ダットさんは？

村山課長……ダットさんは正月も東京にいたんだよね。どうだった？

ダット…………はい、私は、日本の正月を楽しみました。
1月1日に友だちの家へ行きました。友だちの家の近所は、お店がみんな閉まっていて、とても静かでした。友だちの家族といっしょにおせち料理を食べました。友だちのご両親はとても話しやすい方でした。私はベトナムの正月や家族のことをいろいろ話しました。
午後から神社へ行きましたが、びっくりするくらい混んでいました。神社には着物を着た女の人がたくさんいて、とてもきれいでした。みんなおさいせんを投げてお祈りをしていました。私も日本語が上手になるようにお祈りしました。
東京には新しいものがたくさんありますが、古いものも大切にしていることがわかりました。

村山課長……いろいろ経験できてよかったね。ダットさんが日本の正月を楽しんでくれて、日本人としてうれしいよ。

おせち料理：Japanese traditional New Year dish ／日本年节菜／ món ăn ngày tết
おさいせん：money offering ／香钱／ tiền công đức

練習問題

(1) ～ていく

例を見て、文を完成させてください。

例 A:最近、外国人観光客が増えてきましたね。

B:国が観光に力を入れているので、これからもますます増えていくと思います。

① A:毎日、英語の勉強をしているのはすごいですね。

B:少しずつ上手になっていると思うので、これからも＿＿＿＿＿＿たいです。

② A:最近、以前より夏が暑くなりましたね。

B:地球温暖化を止めないと、これからも気温が＿＿＿＿＿＿と思います。

③ A:7年前に最初の店を出されてから全国で100店、海外も3店、すごいですね。

B:はい、これからは海外のお店をもっと＿＿＿＿＿＿たいと思っています。

④ A:少子化は日本の大きな社会問題ですね。

B:ええ。何とかしないと、これからも子どもの数は＿＿＿＿＿＿と思います。

観光客:tourist／游客／khách du lịch
以前より:than before／比以前／so với trước
地球温暖化:global warming／全球变暖／biến đổi khí hậu
気温:temperature／气温／nhiệt độ không khí
少子化:declining birthrate／少子化／tỉ lệ sinh sản giảm

（2）～やすい

例を見て、文を完成させてください。

例 A：研修のポスターを作ってみました。

B：うーん、字も小さいし、もう少し<u>見やすい</u>ほうがいいね。

① A：すばらしいプレゼンでしたね。

B：ええ、説明がとても＿＿＿＿＿＿＿＿＿たので、新しい技術についてよく理解できました。

② A：Mペンシルのボールペン、とても＿＿＿＿＿＿＿＿＿ですね。

B：うん、値段も安いし、ぼくもいつも使ってるよ。

③ A：こちらは野菜嫌いの方にも＿＿＿＿＿＿＿＿＿ビタミンたっぷりの野菜ジュースです。

B：ふーん、健康によさそうね。

④ A：すてきなくつですね。

B：ありがとうございます。デザインがいいだけでなく、＿＿＿＿＿＿て、1日中はいても疲れません。

ビタミン：vitamin／维生素／vitamin

(3) ～くらい～

例を見て、文を完成させてください。

例 A:美術館はどうでしたか。

B:好きな絵もゆっくり<u>見られないくらい</u>混んでいました。

① A:昨日は、Z商会の創立記念パーティーでしたよね。

B:ええ、全部食べられないくらい＿＿＿＿＿＿＿＿＿＿＿＿。

② A:あの映画、本当におもしろかったですね。

B:ええ、私はおなかが痛くなるくらい＿＿＿＿＿＿＿＿＿＿＿＿。

③ A:試験はむずかしかったですか。

B:いいえ。だれでも100点が＿＿＿＿＿＿＿＿＿＿＿＿くらいかんたんでした。

④ A:キムさんは日本語ができるみたいですね。

B:ええ、日本語で＿＿＿＿＿＿＿＿＿＿＿＿くらい上手らしいです。

創立記念パーティー：foundation commemoration party／创立纪念酒会／
tiệc kỷ niệm thành lập

(4) ～として

例を見て、文を完成させなさい。

例 A：グロ一バル人材として働くためには、コミュニケーション能力が必要です。

B：はい、だれとでもうまくコミュニケーションできることは大切ですね。

① A：村山課長は仕事ができるし、だれにでもやさしいし、＿＿＿＿＿＿＿＿

尊敬できる人ですね。

B：私もそう思います。

② A：日本語を勉強しに日本に来たんですか。

B：はい、最初は＿＿＿＿＿＿＿＿＿＿来たんですが、今は日本の会社で働いています。

③ A：日本語学校の先生なんですか。

B：いいえ、ボランティアとして＿＿＿＿＿＿＿＿＿＿。

④ A：＿＿＿＿＿＿＿＿＿＿＿＿＿＿＿＿は、社会人として必要なことです。

B：はい、わかりました。

グローバル人材：global human resources ／国际化人才／ nhân lực quốc tế
尊敬する：respect ／尊敬／ tôn kính
ボランティア：volunteer ／志愿者／ tình nguyện

 **話すタスク**　Aが初めに話す人です。

ロールプレイ 1

ロールカードA（11課-1）

あなたは、村山課長です。

ダットさんに、正月に何をしたか、聞いてください。

ダットさんの話を聞いて感想を言ってください。

ロールカードB（11課-1）

あなたは、ダットです。

課長の質問に答えてください。

何をしたか、くわしく説明してください。

ロールプレイ 2

ロールカードA（11課-2）

あなたは、今、会社の昼休みに、カフェコーナーにいます。

同期（どうき）の外国人社員Bさんと話しています。

日本のどんなところが好きか聞いてください。

話が終わったら、感想（かんそう）を言ってください。

ロールカードB（11課-2）

あなたは、今、会社の昼休みにカフェコーナーにいます。

同期（どうき）のAさんと話しています。

あなたは、日本に6年間住んでいます。

日本の安全（あんぜん）なところが好きです。

ヒント
- 夜、女の人が一人で地下鉄（ちかてつ）に乗れる
- 自動販売機（はんばいき）がこわされていない
- わすれものがもどってくる

自動販売機（はんばいき）：vending machine／自动售货机／máy bán hàng tự động

ロールプレイ 3

ロールカードA（11課-3）

あなたは、入社3年目の社員です。
今、昼休みです。食後に会社のカフェコーナーで、入社1年目のBさんと話しています。
Bさんに、今まで旅行に行った所で一番(いちばん)よかった場所を聞いてください。
その理由(りゆう)も聞いて、感想(かんそう)を言ってください。

ロールカードB（11課-3）

あなたは、入社1年目の社員です。
今、昼休みです。食後に会社のカフェコーナーで、先輩(せんぱい)のAさんと話しています。
Aさんの質問に答えて、くわしく説明してください。

応用タスク　相手にわかるように話そう！

自分が経験したことや知っていることを、1回目は上司や初めて会った人に話しましょう。2回目は親しい友だちに話しましょう。

(1) 話したいことについてキーワードを書いてください。

（あなたの国の大きな行事や有名な場所、日本で経験したこと、感想など）

(2) キーワードを見ながら、話してください。

キーワードの例：正月　おせち料理　神社　混んでいる　着物
古いものを大切にする

キーワード：keyword ／关键词／ từ khóa

2月

12課（か） 雪（ゆき）による交通（こうつう）マヒ

聞くタスク  27

正しいものに○をつけてください。

(1)　①　②　③

(2)　①　②　③

(3)　①　②　③

交通（こうつう）マヒ：traffic paralysis ／交通瘫痪／ tê liệt giao thông
大雪（おおゆき）：heavy snow ／大雪／ tuyết lớn
大雨：heavy rain ／大雨／ mưa lớn

モデル会話 28

石川 ………… ルースさん、最近忙しそうですね。疲れているようですけど、大丈夫ですか。

ルース ………… ああ、石川さん、心配してくれてありがとう。先週は仕事が忙しいだけじゃなくて、子どもが病気だったので大変でした。

石川 ………… 明日は大雪の予報が出ているので、電車が止まるかもしれませんね。

ルース ………… そうなんです。あさっての夕方までに終わらせなくちゃいけない仕事があるので、明日、電車が止まって、会社に来られなかったら、本当に困ります。

石川 ………… そうですか。じゃあ、ルースさんが会社に来られなかったら、ぼくがその仕事をしておきましょうか。

ルース ………… ええっ、本当ですか。

石川 ………… ぼくは家から会社まで歩いても30分くらいです。電車が止まっても大丈夫です。それに今は急ぎの仕事がないので、ルースさんの仕事を手伝えますよ。

ルース ………… ありがとう！　すごく助かります。じゃあ、課長に話して許可をもらいますね。

石川 ………… はい、ルースさんには仕事が終わらないときに手伝ってもらっているし、役に立てればうれしいです。

予報：forecast ／预报／ dự báo
許可：permission ／批准、许可／ cho phép

練習問題

(1) ～までに

例を見て、文を完成させてください。

例 A:参加費はいくらですか。

B:3000円です。申し込みは今週中にお願いします。金曜日までに参加費を払ってください。

① A:4時からの会議に使う資料なので、＿＿＿＿＿＿＿＿コピーをお願いします。

B:はい、わかりました。

② A:忙しそうですね。

B:はい、＿＿＿＿＿＿＿＿この仕事を終わらせなければならないんです。

③ A:ダイエットを始めたって聞いたよ。

B:うん、夏までに＿＿＿＿＿＿＿＿。

④ A:ベンチャービジネスにきょうみがあるんですか。

B:はい、30歳までに＿＿＿＿＿＿＿＿。

参加費:entry fee ／参加费／ phí tham gia
ベンチャービジネス:startup business ／风险事业／ kinh doanh mạo hiểm

(2) ～なくちゃいけない／なきゃいけない
=～なくてはいけない／なければいけない

例を見て、文を完成させてください。

例 A：今日の5時までに報告書を出さなくちゃいけないんです。

B：えっ、もう4時だけど、書ける？

① A：明日の北海道出張だけど、7時に空港で待ち合わせましょう。

B：はい。6時前に家を＿＿＿＿＿＿＿＿から、今日は早く寝ます。

② A：明日、新しいソフトウェアをお客さんに説明しに＿＿＿＿＿＿＿＿んです。一人なので心配です。

B：そんなに心配しなくても大丈夫だよ。

③ A：忘年会は＿＿＿＿＿＿＿＿＿＿か。

B：できるだけ、参加したほうがいいと思うよ。

④ A：課長、最近、パソコンの調子が悪くて困っています。田中さんもそう言っていました。

B：そうですか。何台か新しいパソコンを＿＿＿＿＿＿＿＿ね。

(3) ～ましょうか

例を見て、文を完成させてください。

例 A:この間送ってくれた新年会のお知らせメールが見つからないなあ。

B:もう一度<u>送りましょうか</u>。

① A:会議で使う資料をだれかコピーしてくれないかな?

B:私が＿＿＿＿＿＿＿＿＿＿。

② A:来週のプレゼンで使うスライド、だれが作りますか。

B:みなさん忙しそうなので、私が＿＿＿＿＿＿＿＿＿＿。

③ A:もう12時か。みんな、お昼はどうしますか。

B:食べに行く時間はないので、弁当を＿＿＿＿＿＿＿＿＿＿。

④ A:高木さん、おそいですね。道にまよっているんでしょうか。

B:そうかもしれませんね。＿＿＿＿＿＿＿＿＿＿。

新年会:New Year's party/新年会/ tiệc mừng năm mới

お知らせ:notice/通知/ thông báo

スライド:slide/幻灯片/ slide (trang trong powerpoint)

道にまよう:get lost/迷路/ lạc đường

(4) ～ば

例を見て、文を完成させなさい。

例 A：ねえ、新しくできたレストランに行ってみない？

B：今お金がないので、<u>安ければ</u>、行ってもいいよ。

① A：土日は何をしているんですか。

B：＿＿＿＿＿＿＿＿＿＿ば、ジョギングをしています。

② A：なかなか英語が上手になりません。

B：＿＿＿＿＿＿＿＿＿＿ば、上手になりますよ。

③ A：受付は10時からです。1時間前に会社を出たほうがいいですか。

B：いや、会場までそんなに遠くないので、＿＿＿＿＿＿＿＿＿＿ば、間に合うと思います。

④ A：駅からZ商会までの道はわかりますか。

B：はい、＿＿＿＿＿＿＿＿＿＿ば、わかると思います。

 **話すタスク**　Aが初(はじ)めに話す人です。

ロールプレイ 1

ロールカードA（12課-1）

あなたは、石川(いしかわ)です。今、会社にいます。

あなたは会社まで歩いて来られるアパートに住んでいます。

明日(あした)は大雪(おおゆき)で電車が止まるかもしれません。

電車で会社に来るルースさんは、今仕事が多いです。

雪(ゆき)で会社に来られなかったら、仕事を代わると言ってください。

ルースさんの返事(へんじ)を聞いて、話を終わらせてください。

使ってみよう　～ておきましょうか

ロールカードB（12課-1）

あなたは、ルースです。今、会社にいます。

明日(あした)は大雪(おおゆき)で電車が止まるかもしれません。

電車が止まったら会社に来られません。

仕事がたくさんあるので困(こま)っています。

石川(いしかわ)さんの話に答えてください。

使ってみよう　終わらせなくちゃいけない　　助(たす)かります

ロールプレイ 2

ロールカードA（12課-2）

あなたは、KL商事(しょうじ)の社員です。来年からベトナム人が研修(けんしゅう)に来ることになりました。それで少しベトナム語を勉強しようと思っています。
テキストを買いましたが、発音がむずかしそうです。
ベトナム語の学校も調(しら)べましたが、時間が合わず困(こま)っています。
ベトナム出身(しゅっしん)の同僚(どうりょう)のBさんに相談(そうだん)してください。

ロールカードB（12課-2）

あなたは、KL商事(しょうじ)の社員で、ベトナム出身(しゅっしん)です。
日本の大学院で勉強しているベトナム人の友だちがいます。
その友だちはアルバイトを探(さが)しています。
同僚(どうりょう)のAさんの話を聞いて、友だちを紹介(しょうかい)してください。

ロールプレイ 3

ロールカードA（12課-3）

あなたは、入社1年目の外国人社員です。

先月新しいアパートに引っ越しました。

上の部屋には子どもがいるようで、朝早くから部屋の中を走ったり、跳んだりする音がうるさいです。

あなたは、週末は朝ゆっくり寝ていたいと思っていますが、うるさくて目がさめてしまうので困っています。

上の部屋の人に話しに行きたいのですが、一人では不安です。

同期のBさんに相談してください。

跳ぶ：jump／跳／ nhảy

ロールカードB（12課-3）

あなたは、入社1年目の社員です。

同期の外国人社員Aさんは、最近疲れた顔をしています。ちょっと困っていることがあるようです。

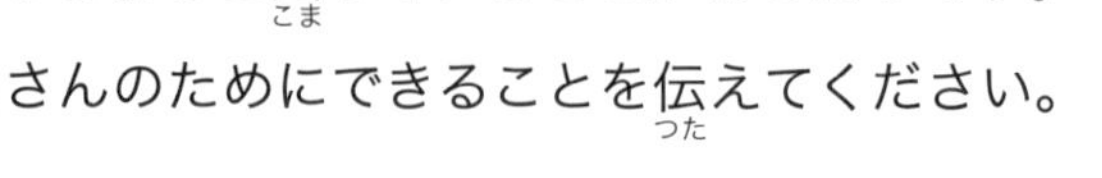

Aさんのためにできることを伝えてください。

応用タスク　自慢大会をしよう！

小さい紙に自分ができることを一つ書いてください。1枚に一つ、3枚以上書きましょう。

(1) イラストのように相手に紙を見せて、会話をしましょう。

① 親しい友だち  29

例 A：英語ができるの？

あなた： うん、2年間アメリカに留学していたから。

A：じゃ、ペラペラじゃない。

あなた： うーん、まあね。

A：いいなあ。

② あまり親しくない人 ／ 目上の人  30

例 A：英語ができるんですか。

あなた： あー、はい。2年間アメリカに留学していました。

A：へえ、じゃ、上手なんですね。

あなた： そんなことないです。まだまだです。

(2) ①と②で言い方がちがいましたか。気づいたことを話し合いましょう。

自慢大会： bragging contest ／擅长比赛／ đại hội nói về điểm tốt của bản thân

3月

13課 趣味も大切

聞くタスク  31

正しいものに○をつけてください。

(1)　①　②　③

(2)　①　②　③

(3)　①　②　③

アニメフェア：anime fair／动漫展／hội truyện phim anime

チケット：ticket／票／vé

さそう：invite／约、邀请／rủ

モデル会話 32

ダット ………… 北山(きたやま)さんはアニメが好きだそうですね。

北山(きたやま) ……………… はい、大好きです。小さいころは、よくNARUTOやHUNTER×HUNTERを見ていました。エヴァンゲリオンもいいですよね。ダットさんは？

ダット ………… はい。小さいときは日本のアニメばかり見ていました。

北山(きたやま) ……………… へー、そうなんですか。

ダット ………… あのー、実(じつ)は今度の週末(しゅうまつ)に、アニメフェアがあるんですけど、行きませんか。

北山(きたやま) ……………… え、それ、デートのおさそい？

ダット ………… あ、ええ、はい。どうですか。

北山(きたやま) ……………… 土曜日の午前中は歯医者(はいしゃ)に行かなきゃならないし、午後は友だちと浅草(あさくさ)に行くことになっているんです。日曜日だったら、大丈夫(だいじょうぶ)です。

ダット ………… よかった。

おさそい：invitation ／邀请／ rủ rê

練習問題

（1）よく～ていた

例を見て、文を完成させなさい。

例 A：日本語の歌が上手ですね。

B：ありがとうございます。子どものときからよく歌っていました。

① A：日本の食べもので何が一番好きですか。

B：ラーメンです。でも、よく＿＿＿＿＿＿＿＿＿＿店がほかの場所に引っ越してしまったので、残念です。

② A：学生のとき、授業が終わったあとによく＿＿＿＿＿＿＿＿＿＿よね。

B：そうだったね。学校の前がドーナツ屋だったからね。

③ A：どんな本を読みますか。

B：中学から大学までは、よく歴史小説を＿＿＿＿＿＿＿＿＿＿けど、最近は推理小説ばかりです。

④ **後輩**：また課長に怒られてしまいました。

先輩：私も会社に入ってから半年くらい、課長によく＿＿＿＿＿＿＿＿＿＿。気にしなくて大丈夫ですよ。

後輩：先輩にもそんな時代があったんですね。

ドーナツ屋：donut shop ／面包圈店／ cửa hàng bánh rán donus

推理小説：detective Novel ／推理小说／ tiểu thuyết trinh thám

(2) (名詞) ばかり～

例を見て、文を完成させなさい。

例 A：さっきケーキを食べたのに、今度はチョコレート。甘いものばかり食べていると体によくないよ。

　B：うん、わかっているんだけど……。

① A：昨日お酒を飲みすぎて、今日は二日酔い。

　B：先週も同じことを言っていたよね。お酒＿＿＿＿＿＿＿＿とよくないよ。

② A：スマホで、小さい＿＿＿＿＿＿＿＿見ていると、目が疲れます。

　B：フォントを大きくしたらどうですか。

③ A：日本のアニメを見て、日本語が上手になったんですね。

　B：はい。でも、子どものころ勉強をしないで＿＿＿＿＿＿＿＿、母によくしかられました。

④ A：どうしてみんな＿＿＿＿＿＿＿＿ほめるのかな。私だってがんばっているのに。

　B：だって、タンさんは何でもできるからね。

二日酔い：hangover ／宿醉／ say ngày 2
フォント：font ／字体／ cỡ chữ

(3) ～ませんか

例を見て、文を完成させなさい。

例 A：帰りに飲みに行きませんか。

B：いいですね。明日は休みだし、行きましょう。

① A：仕事のために、中国語教室に通いはじめました。いっしょに中国語を ＿＿＿＿＿＿＿＿。

B：うーん、今、英語を勉強しているので、やめておきます。

② A：土曜日に私の家でバーベキューをするんです。ご家族といっしょに ＿＿＿＿＿＿＿＿。

B：ありがとうございます。よろこんで。

③ A：来週、新宿でITセミナーがあるんですが、＿＿＿＿＿＿＿＿。

B：参加費はいくらですか。あまり高くなければ、参加したいです。

④ A：会議が長くなってみんな疲れてきましたね。少し＿＿＿＿＿＿＿＿。

B：そうですね。では、続きは4時から始めましょう。

通いはじめる：start attending ／开始去上～／ bắt đầu đi

（4）～ことになっている

例を見て、文を完成させなさい。社内の会話です。

例 A：明日の予定は？

B：明日はY社に<u>行くことになっています</u>。

① A：課長は何時にもどりますか。相談したいことがあるんです。

B：えーと、予定では2時に＿＿＿＿＿＿＿＿＿＿＿＿が、そのあと、会議の予定が入っています。

② A：営業1課は社員旅行に何人くらい行きますか。

B：うちの課は全員＿＿＿＿＿＿＿＿＿＿＿＿が、つごうが悪くなる人がいるかもしれません。

③ A：社長も会場まで電車ですか。

B：いいえ、私たちは電車で行きますが、社長は＿＿＿＿＿＿＿＿＿＿＿＿

＿＿＿＿＿＿＿＿＿＿＿＿＿＿＿＿。

④ A：今度のパーティーの準備の担当者はだれですか。

B：はい、田中さんと山川さんが＿＿＿＿＿＿＿＿＿＿＿＿。

 **話すタスク**　Aが初(はじ)めに話す人です。

ロールプレイ 1

ロールカードA（13課-1）

あなたは、ダットです。

アニメフェアのチケットが2枚(まい)あります。

北山(きたやま)さんをさそってください。

つごうを聞いて、約束(やくそく)をしてください。

ロールカードB（13課-1）

あなたは北山(きたやま)です。

アニメが好きです。

アニメフェアにさそわれたら、アニメの話をして、いつ行くか決(き)めてください。

使ってみよう　～に行かなきゃならない　　～に行くことになっている

日曜日だったら

ロールプレイ 2

ロールカードA（13課-2）

あなたは、ときどきマンガ喫茶(きっさ)に行きます。

同期(どうき)のBさんを、マンガ喫茶(きっさ)にさそってください。

マンガ喫茶(きっさ)：manga cafe ／漫画咖啡店／ quán cà phê truyện

ロールカードB（13課-2）

あなたは、マンガ喫茶(きっさ)に行ったことがありません。

どんな所かきょうみがあります。

同期(どうき)のAさんにさそわれたら、いつ行くか決(き)めてください。

マンガ喫茶(きっさ)：manga cafe ／漫画咖啡店／ quán cà phê truyện

ロールプレイ 3

ロールカードA（13課-3）

あなたは、Bさんの友だちです。

Bさんと日本の大学でいっしょに勉強しました。

日本の映画が好きです。

日本語の勉強にもなるので日本の映画をよく見ます。

Bさんを映画にさそってください。

ロールカードB（13課-3）

あなたは、Aさんの友だちです。

Aさんと日本の大学でいっしょに勉強しました。

日本の映画にあまりきょうみがありません。

Aさんの話を聞いて、答えてください。

応用タスク　言いたいことは何だろう？

線を引いてあるところでは、何が言いたいと思いますか。

(1) A：先輩から忘年会の幹事を頼まれちゃった。どうしよう。

B：それは引き受けなきゃ。

{引き受けなければなりません。／引き受けてはいけません。／引き受けなくてもいいです。}

(2) A：この新製品のサンプル、もらってもいい？

B：それ、私がX社に持っていこうと思ってるんだけど。

{持っていってください。／持っていかないでください。／持っていかなくてもいいです。}

(3) A：あれ？　予約した店は、たしかこの近くだと思ったんですが。

B：ちゃんと調べておかないから。

{調べておきなさい。／調べたほうがいい。／調べなくても大丈夫。}

(4) A：夏は社員全員Tシャツで仕事をするのはどうでしょうか。

B：それはどうかな。

{いい考えですね。／あまりいい考えではありません。／どうなのかわかりません。}

(5) A：研修は10時から始まります。

B：9時からだと聞いていたんですが。

{9時からではないんですね。／9時からで合っていますよね。／9時からで大丈夫ですか。}

(6) A：だれがいいと思いますか。

B：それはやっぱりタンさんじゃないですか。

{タンさんがいいと思います。／タンさんはだめだと思います。／タンさんじゃない人がいいと思います。}

新製品：new product ／新产品／ đồ mới

3月

14課 上司の転勤

聞くタスク  33

正しいものに○をつけてください。

(1)　①　②　③

(2)　①　②　③

(3)　①　②　③

モデル会話 34

村山課長……みなさん、4月から大阪支店に転勤することになりました。東京の事業部では、みなさんのおかげで、いい仕事ができました。新しい課長は仙台支店の大杉課長です。

ルース…………課長、私は、家が遠いし、子どももいるし、いろいろご迷惑をおかけしたと思います。本当にお世話になりました。

村山課長……いえいえ、ルースさんがいるので、課の雰囲気がとてもよかったと思いますよ。

石川…………課長、3年間本当にお世話になりました。ありがとうございました。

村山課長……石川君にはいろいろしてもらって感謝していますよ。

オウ…………私も課長のおかげでやめなくてすみました。

ダット…………えっ、何があったんですか。

オウ…………お客様に日本語でうまく説明できなくて、お客様が怒ってしまったことがあります。でも、課長にすぐに助けていただいたので、大丈夫でした。

ダット…………何でもできるオウさんも失敗をしていたんですね。

村山課長……人は失敗して成長します。だからダットさんも大丈夫ですよ。

ダット…………はい。前にオウさんにも同じことを言われました。これからもがんばります。

おかげ：thanks to ／托～的福／ nhờ ơn
お世話になりました：thank you for helping me ／承蒙关照／ cảm ơn vì đã giúp đỡ
雰囲気：atmosphere ／气氛／ không khí
感謝する：appreciate ／感谢／ cảm tạ

練習問題

(1) ～ことになった

例を見て、文を完成させてください。

例 A:6月に結婚することになりました。

B:おめでとうございます。結婚式はどこでするんですか。

① A:今月で＿＿＿＿＿＿＿＿＿＿。お世話になりました。

B:そうですか。次の職場でもがんばってください。

② A:来月＿＿＿＿＿＿＿＿＿＿。国で父の仕事を手伝います。

B:そうですか。ランさんが帰国してしまうのは、とてもさびしいです。

③ A:営業の田中さん、東南アジア事務所に＿＿＿＿＿＿＿＿＿＿そうですね。

B:前から行きたいと言っていましたから、よかったですね。

④ A:今まではパートでしたが、4月からは正社員として＿＿＿＿＿＿＿＿＿＿。

B:よかったですね。これからもよろしくお願いしますね。

帰国する:return to one's own country ／回国／ về nước
東南アジア:Southeast Asia ／东南亚／ đông nam á
パート:part-timer ／钟点工／ việc bán thời gian
正社員:regular employee ／正式员工／ nhân viên chính thức

(2) ～なくて～ (理由)

例を見て、文を完成させなさい。

例 A:連休で新幹線も混んでいたようですね。

B:はい、大阪から東京まで3時間ずっと座れなくて疲れました。

① A:入社したばかりのとき、仕事のことばがよく＿＿＿＿＿＿＿＿＿＿

困りました。

B:でも、今はもう大丈夫だね。

② A:スマホの人気モデルは買えましたか。

B:いいえ、1時間並んだんですが、＿＿＿＿＿＿＿＿がっかりしました。

③ A:つごうが悪くなったので、旅行に参加できなくなりました。

B:そうですか。いっしょに＿＿＿＿＿＿＿＿残念です。

④ A:入社してすぐのころ、電話で相手の名前が＿＿＿＿＿＿＿＿＿＿

困りました。

B:日本人の名前はむずかしいですからね。

モデル:model／式样／ vật mẫu, mô hình

(3) ～たことがある

例(れい)を見て、文を完成(かんせい)させなさい。

例 A:英語でメールを書いたことがありますか。

B:ありますよ。かんたんなメールですけど。

① A:ベトナムに＿＿＿＿＿＿＿＿＿＿があります か。

B:はい、出張(しゅっちょう)で2回。

② A:小川(おがわ)さんは本当(ほんとう)にいい人ですね。

B:ええ、私は小川(おがわ)さんが人の悪口(わるくち)を言うのを＿＿＿＿＿＿＿＿＿＿。

③ A:ウェブアンケートは便利(べんり)だそうですね。＿＿＿＿＿＿＿＿＿＿か。

B:はい。かんたんなアンケートならすぐに作れるし、とても便利(べんり)です。

④ A:この工場に本社からよく見学に来ますか。

B:はい。でも社長は今までに＿＿＿＿＿＿＿＿＿＿。

悪口(わるくち)を言う:slander ／说坏话／ nói xấu

ウェブアンケート:web questionnaire ／网上问卷调查／ thăm dò ý kiến qua mạng

見学:inspection ／参观／ tham quan

（4）～ていただく

例を見て、文を完成させてください。

例 A：私でよかったら、いつでも話を聞きますよ。

B：ありがとうございます。先輩になやみを聞いていただき、すっきりしました。

① A：売上表の作成、ありがとう。まちがいはないね。

B：はい、田中さんにお願いして、まちがいがないかどうか ＿＿＿＿＿＿＿＿ので、大丈夫です。

② A：報告書の書き方が上手になりましたね。

B：先輩の小川さんのおかげです。いつも小川さんに日本語を ＿＿＿＿＿＿＿＿います。

③ A：仕事で何かわからないことがあったとき、どうしているんですか。

B：課長に＿＿＿＿＿＿＿＿。

④ A：Y社の大山さんに宅配便で新製品のカタログを＿＿＿＿＿＿＿＿。

B：そうですか。会議でみんなにくばります。

なやみ：worry ／烦恼／ phiền muộn

すっきりする：feel refreshed ／痛快、轻松／ sảng khoái

売上表：sales table ／销售额表格／ biểu đồ lợi nhuận

宅配便：courier service ／快递／ dịch vụ giao hang tận nhà

 **話すタスク**　Aが初めに話す人です。

ロールプレイ 1

ロールカードA（14課-1）

あなたは、村山課長です。

4月から大阪支店に転勤します。

新しい課長として仙台支店の課長が来ることを、

課のみんなに伝えてください。

これまでみんながよく働いてくれたことに感謝してください。

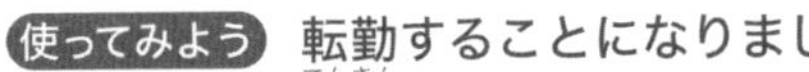

使ってみよう　転勤することになりました

ロールカードB（14課-1）

あなたは、オウです。

村山課長から転勤するという話があったら、感謝のことば

を伝えてください。

お客様に日本語でうまく説明できなくて、お客様が怒って

しまったときに課長が助けてくれたことを話してください。

使ってみよう　助けていただいた

ロールプレイ 2

ロールカードA（14課-2）

あなたは、4年働いた会社をやめて、4月から別の会社に勤めることになりました。

家から歩いて20分で行ける会社が、SE（システムエンジニア）を探していたからです。

これまでいろいろ助けてくれた同僚のBさんにお礼を言ってください。

システムエンジニア：system Engineer ／系统工程师／ kỹ sư hệ thống

ロールカードB（14課-2）

あなたは入社2年目の社員です。

同僚のAさんが、会社をやめるようです。

Aさんの話を聞いて、感謝のことばを伝えてください。

ロールプレイ 3

ロールカードA（14課-3）

あなたは、Bさんの友だちで、日本の大学でいっしょに勉強しました。

お父さんの会社を手伝うために、6月に国に帰ることにしました。

Bさんにそのことを説明してください。

学生時代にBさんにしてもらったことについてお礼を言ってください。

Bさんがしたことのヒント

- 大学時代に漢字を教えた
- 宿題を手伝った
- 晩ご飯を作った

ロールカードB（14課-3）

あなたは、Aさんの友だちで、日本の大学でいっしょに勉強しました。

Aさんが国に帰るようです。

Aさんの話を聞いて、何か言ってください。

応用タスク　お礼を言おう！

あなたは、来月転職します。上司や同僚にあいさつしてください。
言われた人は思っていることを伝えてください。

(1) 上司に（会社で）

あなた：今まで、いろいろお世話になりました。

____

____

上司：いえいえ、________________

例：電話を取れなかった
　　ねぼうした
　　言われたことをわすれた
　　ミスを報告しなかった　など

(2) 同期の人に（居酒屋で）

あなた：今まで、いろいろありがとう。

____

____

同期の人：ううん、________________

例：同期があなたの日本語を直した
　　同期があなたの不満を聞いた
　　同期があなたをよく飲みにさそった　など

総合タスク4

ロールプレイ1～3は、一つのストーリーになっています。
出てくる人は、YMYソリューションズのオウ、ホテル山田屋の中川です。

＊Aが初めに話す人です。

1 ホテル山田屋で

ロールカードA（総合タスク4-1）

あなたは、オウです。

ホテル山田屋のコンピュータシステムを作りました。

今日はホテル山田屋本社に来て、担当の中川さんに会っています。

中川さんの話に答えてください。

それからホテル山田屋のホームページのデザインについて感想を言ってください。

ヒント 落ち着いている　色がきれい

システム：system／系统／hệ thống　　落ち着いている：quiet／沉稳／ổn định

ロールカードB（総合タスク4-1）

あなたは、ホテル山田屋の中川です。

新しいコンピュータシステムをYMYソリューションズに作ってもらいました。今、担当のオウさんが来ています。

新しいシステムについてお礼を言ってください。

オウさんにホテル山田屋のホームページのデザインについて何か言われたら、今のデザインについて不満を言ってください。

ヒント 社内の人が作った　会社のイメージとちがう
字が多すぎる

システム：system／系统／hệ thống　　イメージ：image／形象／hình ảnh

2 ホテル山田屋(やまだや)本社で

ロールカードA（総合タスク4-2）

あなたは、オウです。

ウェブデザイナーの友だちがいます。

中川(なかがわ)さんに紹介(しょうかい)すると言ってください。

中川(なかがわ)さんに質問されたら答えてください。

ヒント
・フリーランス（会社に勤(つと)めていない）
・レストランや小さい旅行会社(がいしゃ)などのウェブページを作っている
・10年くらいの経験(けいけん)がある

ウェブデザイナー：web designer ／网页设计师／ người thiết kế đồ họa
フリーランス：freelance ／自由职业者／ người làm nghề tự do

ロールカードB（総合タスク4-2）

あなたは、ホテル山田屋(やまだや)の中川(なかがわ)です。

オウさんの友だちについて少し質問してから、その友だちに会いたいと言ってください。

質問のヒント
・どこの会社に勤(つと)めているか
・どんな会社のウェブページを作ってきたか
・どのくらい経験(けいけん)があるか

3 電話で

ロールカードA（総合タスク4-3）

あなたは、オウです。

あなたが紹介(しょうかい)したウェブデザイナーの友だちがホテル山田屋(やまだや)のホームページを新しく作りました。

ホテル山田屋(やまだや)の中川(なかがわ)さんから電話がかかってきました。

中川(なかがわ)さんの話を聞いて、答えてください。

ロールカードB（総合タスク4-3）

あなたは、ホテル山田屋(やまだや)の中川(なかがわ)です。

オウさんから紹介(しょうかい)されたウェブデザイナーに山田屋(やまだや)の新しいホームページを作ってもらいました。

出来上がったホームページに満足(まんぞく)しています。

とてもいいホームページができたことを伝(つた)えて、お礼(れい)を言ってください。

また、3月の終わりに会社をやめることも言ってください。

Can-doチェックリスト（2）

★☆☆　勉強した　★★☆　たぶん大丈夫　★★★　かんぺき！

タイトル		ひょうか	コメント
1課 4月 新任のあいさつ	①初めて会う人に適切な自己紹介ができる You can introduce yourself appropriately to those you meet for the first time 对初次见面的人，能够用恰当的语言做自我介绍 Có thể giới thiệu bản thân một cách thích hợp với người lần đầu gặp mặt	☆☆☆	
	②同僚など、年の近い人に適切な自己紹介ができる You can introduce yourself appropriately to colleagues and other people of a similar age to you 对同事等年龄相仿的人，能够用恰当的语言做自我介绍 Có thể giới thiệu bản thân một cách thích hợp với đồng nghiệp hoặc những người gần bằng tuổi	☆☆☆	
2課 4月 電話がこわい	③会社にかかってきた電話に出て、ほかの社員につなぐことができる You can answer a call to your company and transfer it to other employees 能够接打给公司的电话，将其转给其他员工 Trả lời điện thoại gọi đến công ty và có thể nối máy cho đồng nghiệp khác	☆☆☆	
	④会社にかかってきた電話に出て、ほかの社員につなげないことをかんたんに説明できる You can answer a call to the company and give a simple explanation of why you cannot transfer the call to other employees 能够接打给公司的电话，简单地进行应答，告诉对方其他员工无法接听 Trả lời điện thoại gọi đến công ty và giải thích đơn giản rằng không thể nối máy cho nhân viên khác	☆☆☆	

タイトル		ひょうか	コメント
3課 5月 ミスをして謝る	⑤社内でミスをしたとき、謝ることができる If you make a mistake in the company, you can apologize 在公司做错了事情时，能够进行道歉 Có thể xin lỗi khi mắc lỗi trong công ty	☆☆☆	
	⑥社内でミスをしたとき、その状況を説明することができる If you make a mistake in your company, you can explain the situation 在公司做错了事情时，能够就其情况进行说明 Khi mắc lỗi trong công ty, có thể giải thích được tình huống đó	☆☆☆	
4課 6月 仕事が山積み	⑦同僚に、自分の仕事の状況を説明することができる You can explain your work situation to colleagues 能够就自己的工作情况向同事进行说明 Có thể giải thích được tình huống công việc của mình cho đồng nghiệp	☆☆☆	
	⑧同僚に、仕事に関係のあることを頼むことができる You can make work-related requests to colleagues 能够委托同事办理与工作有关的事情 Có thể nhờ đồng nghiệp chuyện có liên quan đến công việc	☆☆☆	

タイトル		ひょうか	コメント
5課 7月 飲みニケーション	⑨同僚に、心配なことについて話すことができる You can talk to colleagues about concerns 能够向同事讲述自己担心的事情 Có thể nói với đồng nghiệp về việc mình đang lo lắng bận tâm	☆☆☆	
	⑩同僚が心配していることを聞いて、はげますことができる You can encourage your colleagues after hearing what they are worried about 听了同事所担心的事情后，能够进行鼓励 Nghe về mối bận tâm lo lắng của đông nghiệp và có thể động viên đồng nghiệp	☆☆☆	
6課 8月 夏休みはいつ取る？	⑪同僚に、自分の予定や計画についてかんたんに説明することができる You can give a simple explanation of your plan or schedule to colleagues 能够就自己的预定和计划，向同事进行简单的说明 Có thể giải thích với đồng nghiệp về những dự định và kế hoạch của bản thân sắp tới	☆☆☆	
	⑫休みを取る時期や予定について、同僚と相談して決めることができる You can consult with colleagues to decide plans and when to take a holiday 能够就休假的时期和计划，和同事一起商量决定 Có thể quyết định về dự định và thời điểm nghỉ phép bằng cách tham khảo với đồng nghiệp	☆☆☆	

タイトル		ひょうか	コメント
7課 9月 いとこを空港(くうこう)まで迎(むか)えに	⑬上司(じょうし)や同僚(どうりょう)に許可(きょか)をもらいたいとき、うまく話を始めることができる You can naturally start a conversation with your boss or colleagues when you want to get permission for something 在希望得到上司或同事的许可时，能够恰如其当地切入话题 Bạn có thể bắt đầu câu chuyện thật tốt khi muốn xin phép cấp trên hoặc đồng nghiệp	☆☆☆	
	⑭上司(じょうし)や同僚(どうりょう)に、許可(きょか)を求(もと)めることができる You can ask your boss or colleagues for permission 能够向上司或同事提出希望得到许可的请求 Có thể xin phép cấp trên hoặc đồng nghiệp	☆☆☆	
8課 10月 食欲(しょくよく)の秋	⑮同僚(どうりょう)に、仕事以外のことについての不満(ふまん)を話すことができる You can talk to colleagues about non-work-related complaints 能够把工作以外的不满讲给同事听 Có thể nói chuyện với đồng nghiệp về những bất mãn không liên quan đến công việc	☆☆☆	
	⑯同僚(どうりょう)の不満(ふまん)について、いろいろな点(てん)から意見を言うことができる You can express opinions about colleagues' dissatisfaction from various perspectives 能够就同事的不满，从各个方面提出自己的见解 Có thể nói những ý kiến từ nhiều khía cạnh khác nhau về chuyện bất mãn của đồng nghiệp	☆☆☆	

タイトル		ひょうか	コメント
9課 11月 旅行に行くなら	⑰必要な情報を集めるために、同僚や友だちに質問ができる You can ask questions to colleagues or friends to gather the information you need 为了收集所需信息，能够向同事和朋友提出问题 Để tổng hợp được những thông tin quan trọng thì có thể hỏi bạn bè hoặc đồng nghiệp	☆☆☆	
	⑱同僚や友だちに、自分がよく知っていることについて説明することができる You can explain to colleagues and friends things you know well 能够就自己知道的事情，向同事和朋友加以说明 Có thể giải thích cho đồng nghiệp hoặc bạn bè thông tin mình nắm rõ	☆☆☆	
10課 12月 忘年会の幹事	⑲同僚に、よくわからないことについて質問したり、アドバイスを頼んだりできる You can ask colleagues about things you do not know well or ask for advice 能够就自己不懂的事情，向同事提问请教 Có thể nhờ lời khuyên hoặc hỏi đồng nghiệp về những điều mình không biết rõ	☆☆☆	
	⑳同僚に、知っていることについて質問されたら、アドバイスすることができる If a colleague asks a question about something you know, you can give advice 当同事来问自己所知道的事情时，能够给予建议 Có thể đưa ra những lời khuyên nếu được đồng nghiệp hỏi về những điều mình biết rõ	☆☆☆	

タイトル		ひょうか	コメント
11課 1月 新年のあいさつ	㉑同僚や上司に、年末年始などの休みにしたことについて、ある程度まとまった話ができる You can give your colleagues or boss a somewhat concise description of what you did during the holidays, such as New Year's holiday 能够把年末年初等休假做的事情，做一定程度的归纳后讲给同事或上司听 Có thể nói chuyện với đồng nghiệp và sếp của mình về các ngày lễ như nghỉ lễ năm mới ở một mức độ nào đó	☆☆☆	
	㉒話を聞いて感想を言うことができる You can give your impressions after listening to what someone has to say 听了事情后，能够发表自己的感想 Có thể nói cảm nhận sau khi nghe câu chuyện	☆☆☆	
12課 2月 雪による交通マヒ	㉓同僚に、困っていることについて話すことができる You can talk to colleagues about problems 能够把自己为难的事情讲给同事听 Có thể nói với đồng nghiệp về những khó khăn đang gặp phải	☆☆☆	
	㉔同僚が困っていることについて、自分のできることを伝えることができる You can tell your colleagues what you can do about their problems 在同事有事感到为难时，能够把自己可以做的告诉给对方 Có thể nói với đồng nghiệp về việc mình có thể làm được khi họ gặp khó khăn	☆☆☆	

タイトル		ひょうか	コメント
13課 3月 趣味（しゅみ）も大切	㉕同僚（どうりょう）を映画やコンサートにさそうことができる You can ask your colleagues to go to movies or concerts 能够约同事一起去看电影或听音乐会 Có thể rủ đồng nghiệp đi xem phim hoặc đi xem hòa nhạc	☆☆☆	
	㉖同僚（どうりょう）からさそわれたときに、それに答えることができる You can respond to invitations from your colleagues 同事相约时，能够做出应对 Có thể trả lời khi được đồng nghiệp mời	☆☆☆	
14課 3月 上司（じょうし）の転勤（てんきん）	㉗上司（じょうし）や同僚（どうりょう）などに、お世話になったことについてお礼（れい）を言うことができる You can thank your boss or colleagues for looking after you 能够对上司和同事等就自己得到的关照表示感谢 Có thể cảm ơn cấp trên hoặc đồng nghiệp về chuyện đã dạy dỗ giúp đỡ mình	☆☆☆	
	㉘失敗（しっぱい）したことなど、自分の経験（けいけん）を話すことができる You can talk about your experiences, such as failures 能够把曾经有过的失败等经历讲述出来 Có thể kể về những kinh nghiệm của bản thân mình chẳng hạn như việc đã từng thất bại	☆☆☆	

敬語表

	ます形	尊敬語 相手を上げる表現	謙譲語 自分または自分の属するグループを下げる表現
1	行きます	いらっしゃいます	伺います／参ります
2	来ます	いらっしゃいます	伺います／参ります
3	います	いらっしゃいます	おります
4	します	なさいます	いたします
5	食べます・飲みます	召し上がります	いただきます
6	聞きます	お聞きになります	伺います
7	見ます	ご覧になります	拝見します
9	言います	おっしゃいます	申します
10	会います	お会いになります	お会いします
11	もらいます		いただきます
12	くれます	くださいます	

索引
さくいん

おさいせん	money offering	香钱	tiền công đức	11
おさそい	invitation	邀请	rủ rê	13
お知らせ（おしらせ）	notice	通知	thông báo	12
おすすめ	recommendation	推荐	đề xuất	9
おせち料理（おせちりょうり）	Japanese traditional New Year dish	日本年节菜	món ăn ngày tết	11
お世話になりました（おせわになりました）	thank you for helping me	承蒙关照	cảm ơn vì đã giúp đỡ	14
落ち込む（おちこむ）	be depressed	郁闷、消沉	buồn bã, suy sụp	3
落ち着いている（おちついている）	quiet	沉稳	ổn định	総合タスク4
お盆（おぼん）	the Bon festival	盂兰盆节	lễ Obon	6
か				
会員証（かいいんしょう）	membership card	会员证	thẻ hội viên	9
会場（かいじょう）	venue	会场	hội trường	4
ガイドブック	guidebook	旅游指南	sách hướng dẫn	9
会費（かいひ）	membership fee	会费	hội phí	8
顔色（かおいろ）	complexion	脸色	sắc mặt	3
確認する（かくにんする）	check	确认	xác nhận	2
片面コピー（かためんコピー）	single-sided copy	单面复印	in một mặt	3
カタログ	catalog	商品目录	catalô	3
カフェ	cafe	咖啡厅	quán cà phê	6
通いはじめる（かよいはじめる）	start attending	开始去上～	bắt đầu đi	13
観光（かんこう）	sightseeing	观光	tham quan	9
観光客（かんこうきゃく）	tourist	游客	khách du lịch	11
幹事（かんじ）	organizer and host	干事、召集人	người tổ chức	10
患者（かんじゃ）	patient	患者	người bệnh	5
感謝する（かんしゃする）	appreciate	感谢	cảm tạ	14
感想（かんそう）	impression	感想	cảm tưởng	4
き				
キーワード	keyword	关键词	từ khóa	11

気温（きおん）	temperature	气温	nhiệt độ không khí	11
企業（きぎょう）	company	企业	công ty, doanh nghiệp	1
帰国する（きこくする）	return to one's own country	回国	về nước	14
牛丼（ぎゅうどん）	beef bowl	牛肉盖饭	cơm thịt bò	8
行事（ぎょうじ）	event	庆典活动	sự kiên	6
許可（きょか）	permission	批准、许可	cho phép	12
く				
グローバル人材（グローバルじんざい）	global human resources	国际化人才	nhân lực quốc tế	11
け				
契約（けいやく）	contract	合同	hợp đồng	9
見学（けんがく）	inspection	参观	tham quan	14
健康（けんこう）	health	健康	sức khỏe	1
研修（けんしゅう）	training	进修、培训	thực tập	4
こ				
交通マヒ（こうつうマヒ）	traffic paralysis	交通瘫痪	tê liệt giao thông	12
後輩（こうはい）	junior	后辈	hậu bối	2
交流会（こうりゅうかい）	networking event	交流会	hội giao lưu	4
転ぶ（ころぶ）	fall over	摔倒	vấp ngã	8
コンビニ弁当（コンビニべんとう）	convenience store bento	便利店便当	cơm hộp combini	8
さ				
在庫（ざいこ）	stock	库存	tồn kho	9
サイゴン大教会（サイゴンだいきょうかい）	Saigon Grand Church	西贡圣母大教堂	nhà thờ Đức Bà	9
桜（さくら）	cherry blossom	樱花	hoa sakura	1
座席（ざせき）	seat	座位	chỗ ngồi	3
さそう	invite	约、邀请	rủ	13
サポートサービス	support service	支援服务	dịch vụ hỗ trợ	4
参加費（さんかひ）	entry fee	参加费	phí tham gia	12
残業（ざんぎょう）	overtime work	加班	tăng ca	3
3泊4日（さんぱくよっか）	4 days 3 nights	三宿四日	4 ngày 3 đêm	9
サンプル	sample	样品	hàng mẫu	4

書類（しょるい）	document	资料、材料	giấy tờ	3
知り合い（しりあい）	acquaintance	熟人	người quen	4
資料（しりょう）	material	资料	tư liệu	3
診察券（しんさつけん）	patient registration card	挂号证	phiếu khám bệnh	10
新人（しんじん）	newcomer	新进公司的员工	người mới	3
新製品（しんせいひん）	new product	新产品	đồ mới	13
新入社員（しんにゅうしゃいん）	new employee	新员工	nhân viên mới vào công ty	1
新任（しんにん）	newly-appointed position	就任	chức vụ mới	1
新年（しんねん）	the New Year	新年	năm mới	11
新年会（しんねんかい）	New Year's party	新年会	tiệc mừng năm mới	12
深夜バス（しんやバス）	overnight bus	夜间巴士	xe bus đêm	3
す				
推理小説（すいりしょうせつ）	detective Novel	推理小说	tiểu thuyết trinh thám	13
スケジュール	schedule	日程	lịch trình	2
すっきりする	feel refreshed	痛快、轻松	sảng khoái	14
スポーツジム	gym	健身房	tập zym	8
スマホ	smartphone	智能手机	điện thoại thông minh	3
スライド	slide	幻灯片	slide (trang trong powperpoint)	12
ずらす	stagger	挪动	xê dịch	6
せ				
正社員（せいしゃいん）	regular employee	正式员工	nhân viên chính thức	14
清掃スタッフ（せいそうスタッフ）	cleaning staff	保洁员	nhân viên dọn vệ sinh	8
成長する（せいちょうする）	grow	成长	trưởng thành	5
セミナー	seminar	讨论会	hội thảo	2
先輩（せんぱい）	senior	前辈	tiền bối	2
そ				
早退する（そうたいする）	leave early	早退	về sớm	7
創立記念パーティー（そうりつきねんパーティー）	foundation commemoration party	创立纪念酒会	tiệc kỷ niệm thành lập	11

ソフトウェア	software	软件	phần mềm công nghệ	3
ソフトウェア開発展（ソフトウェアかいはつてん）	software development exhibition	软件开发展览会	triển lãm phát triển phần mềm	7
尊敬する（そんけいする）	respect	尊敬	tôn kính	11
た				
ダイエット	diet	减肥	giảm cân	8
宅配便（たくはいびん）	courier service	快递	dịch vụ giao hang tận nhà	14
助かる（たすかる）	be thankful	有帮助、使轻松	được giúp đỡ	2
たまる	pile up	堆积、积压	dồn lại, tồn đọng	4
～担当（～たんとう）	in charge of ~	担任～	đảm nhiệm ~	2
担当者（たんとうしゃ）	person in charge	负责人	người phụ trách	2
ち				
地球温暖化（ちきゅうおんだんか）	global warming	全球变暖	biến đổi khí hậu	11
チケット	ticket	票	vé	13
地方（ちほう）	district	外地、地方	địa phương	6
中央郵便局（ちゅうおうゆうびんきょく）	central post office	中央邮局	bưu điện trung tâm	9
注文する（ちゅうもんする）	order	订货	gọi món	9
長期出張（ちょうきしゅっちょう）	long business trip	长期出差	công tác dài ngày	10
調子が悪い（ちょうしがわるい）	be out of order	有问题、有毛病	không được khỏe	10
つ				
ツアー	tour	旅游团	town du lịch	2
通信量（つうしんりょう）	allowance	通讯量	dung lượng mạng	9
通信料金（つうしんりょうきん）	phone charges	通信费	tiền điện thoại	7
付き合う（つきあう）	keep company	陪伴	kết hợp	5
て				
提案（ていあん）	proposal	提案、提议	đề án	5

データを整理する（データをせいりする）	organize the data	整理数据	chỉnh lý số liệu	3
転勤（てんきん）	transfer	调动工作	chuyển việc	6
展示会（てんじかい）	exhibition	展览会	hội triển lãm	4
と				
問い合わせ（といあわせ）	inquiry	询问	hỏi và xác nhận	10
動画（どうが）	video	视频	video	9
同期（どうき）	colleague who entered the company at the same time	同一年进公司的同事	cùng thời điểm, cùng kỳ	1
同席する（どうせきする）	attend	一起出席	có mặt chung	9
東南アジア（とうなんアジア）	Southeast Asia	东南亚	đông nam á	14
ドーナツ屋（ドーナツや）	donut shop	面包圈店	cửa hàng bánh rán donus	13
跳ぶ（とぶ）	jump	跳	nhảy	12
ドンコイ通り（ドンコイどおり）	Dong Khoi Street	东桂街	đường Đồng Khởi	9
な				
半ば（なかば）	middle	中旬	giữa	6
納豆（なっとう）	fermented soybeans	纳豆	đậu natto	4
なやみ	worry	烦恼	phiền muộn	14
に				
24時間営業（にじゅうよじかんえいぎょう）	open 24 hours	24小时营业	hoạt động 24/24	8
日程（にってい）	schedule	日程	lịch trình	6
入館証（にゅうかんしょう）	key card	入场证	thẻ vào phòng trọ	6
人気がある（にんきがある）	popular	受欢迎	có sức hút	1
ね				
ネットショッピング	online shopping	网购	mua đồ trên mạng	5
年末年始（ねんまつねんし）	year-end and New Year period	年末年初	cuối năm đầu năm	11

の				
飲みニケーション（のみニケーション）	communicating through drinking together	饮酒交流	giao tiếp trong khi uống rượu	5
は				
パート	part-timer	钟点工	việc bán thời gian	14
バーベキュー	barbecue	烧烤	thịt nướng	8
歯医者（はいしゃ）	dentist	牙医	nha sĩ	5
配達人（はいたつにん）	delivery person	送货人	người chuyển hàng	2
はげます	give encouragement	鼓励	khích lệ, động viên	5
はずす	remove	撤掉	gỡ ra	3
パスワード	password	密码	mật khẩu	6
バンド	band	乐队	ban nhạc	8
パンフレット	pamphlet	宣传册、小册子	pamphlet	7
ひ				
ビジネススーツ	business suit	工作西装	vest công sở	5
ビタミン	vitamin	维生素	vitamin	11
110番する（ひゃくとおばんする）	make a 110 call to the police	打110（报警电话）	gọi 110	6
ふ				
フィットする	fit	合身	phù hợp	9
フォント	font	字体	cỡ chữ	13
部下（ぶか）	subordinate	下级、部下	cấp dưới	2
無事に（ぶじに）	without any trouble	顺利	vô sự	3
部長（ぶちょう）	head of department	部长、处长	trưởng bộ phận	3
二日酔い（ふつかよい）	hangover	宿醉	say ngày 2	13
不動産会社（ふどうさんがいしゃ）	real-estate company	房地产公司	công ty bất động sản	8
不満（ふまん）	dissatisfaction	不满意	bất mãn	8
フリーランス	freelance	自由职业者	người làm nghề tự do	総合タスク4
プレゼン	presentation	演示	thuyết trình	7
プログラミング	programming	编程	lập trình	4
プロジェクト	project	项目	dự án	7
雰囲気（ふんいき）	atmosphere	气氛	không khí	14

著者
村野　節子（むらの　せつこ）
元武蔵野大学非常勤講師
青山学院大学大学院修士課程修了（国際コミュニケーション）

山辺　真理子（やまべ　まりこ）
元武蔵野大学非常勤講師
立教大学大学院修士課程修了（比較文明学・言語多文化）

向山　陽子（むこうやま　ようこ）
武蔵野大学特任教授
お茶の水女子大学博士後期課程単位取得退学（応用言語学）人文科学博士

翻訳
英語　株式会社アーバン・コネクションズ
中国語　徐前
ベトナム語　ベトナムトレーディング株式会社

イラスト
イラスト工房花色木綿　杉本千恵美

装丁・本文デザイン
Boogie Design

初中級レベル　ロールプレイで学ぶビジネス日本語
—場面に合わせて適切に話そう—

2020年3月26日　初版第1刷発行
2024年2月16日　第 2 刷 発 行

著　者　村野節子　山辺真理子　向山陽子
発行者　藤嵜政子
発　行　株式会社スリーエーネットワーク
〒102-0083　東京都千代田区麹町3丁目4番
トラスティ麹町ビル2F
電話　営業　03（5275）2722
編集　03（5275）2725
https://www.3anet.co.jp/
印　刷　萩原印刷株式会社

ISBN978-4-88319-846-7　C0081

初中級レベル
ロールプレイで学ぶ
ビジネス日本語
―場面に合わせて適切に話そう―

村野節子・山辺真理子・向山陽子 著

スリーエーネットワーク

解答例

1課

聞くタスク　(1) ③　(2) ②　(3) ①

練習問題

(1) ① (自分の名前) と申します、(自分の出身地) から参りました
もう　　　　　　　しゅっしん ち　　　まい

　② (自分の名前) です、(自分の出身地) から来ました

(2) ① 食べました　② まだです　③ 書きました　④ まだです

(3) ① 買いに　② 食べに　③ 泳ぎに　④ 迎えに

(4) ① かかってきたら／あったら　② ひまになったら／時間ができたら
　③ 混んでいたら　④ 晴れたら／天気がよかったら
こ　　　　　　　は

応用タスク
おうよう

(1) と申します。　参りました。　どうぞよろしくお願いします。

(2) です。　来ました。　どうぞよろしく。

2課

聞くタスク　(1) ③　(2) ①　(3) ③

練習問題

(1) 省略

(2) ① 少々お待ちください　② 少々お待ちください／ちょっと待ってください
しょうしょう　　　　　　　　しょうしょう

　③ ちょっと待って　④ 少々お待ちください

(3) ① 謝る　② 話しかける　③ お礼を言う

(4) ① 会議中　② 外出中　③ 出張中

応用タスク

(1) 課長の村山ですね。　村山

(2) 山中ですね。

（3）行かない？

（4）兄

（5）承知しました。

3課

聞くタスク　（1）①　（2）③　（3）②

練習問題

（1）① 届いていません　② 始まっています　③ 申し込んでいません

④ 閉まっている

（2）① くれます／くれません／もらえます／もらえません

② もらう／もらえる　③ もらった／もらえた　④ くれた

（3）① 落としてしまったんだ　② おくれてしまいました

③ なくしてしまった　④ 飲みすぎてしまいました

（4）① 多い、高い　② きれいだった、おいしかった　③ 頭がいい、すなおだ

④ 広い／楽だ

応用タスク

（1）申し訳ありません。

（2）申し訳ありません。

（3）すみません。

（4）ごめん。

4課

聞くタスク　（1）①　（2）②　（3）②

練習問題

（1）① あるんです　② 動かないんです　③ 気分が悪いんです

④ 買いたいんです／買おうと思っているんです

(2) ① ふまれたんだ　② 知られる　③ 言われたんです　④ 呼(よ)ばれ

(3) ① 勉強した　② がんばって準備(じゅんび)した　③ 名前が思い出せないんだ

④ 残(のこ)っちゃった

(4) ① 聞いてみ　② 使ってみて　③ 連絡(れんらく)してみ／電話してみ

④ 書いてみた

応用(おうよう)タスク

ね (1) 正しいか確認(かくにん)している

Checking whether it is correct or not

确认是否正确

Đang xác nhận lại sự chính xác

(2) 同意を求(もと)めている

Seeking agreement

征求同意

Đang tìm kiếm sự đồng ý

(3) 同意を表(あらわ)している

Expressing agreement

表示同意

Đang thể hiện sự đồng ý

よ (1) 強くしかっている

Scolding strongly

严厉地训斥

Đang mắng té tát

(2) さそっている

Inviting

劝诱

Đang rủ rê

(3) 注意している

Drawing attention to it

提醒

Đang nhắc nhở

以下省略(しょうりゃく)

5課

聞くタスク （1）②　（2）③　（3）②

練習問題

（1）① 悪いよう／悪いみたい　② 故障しているよう／故障しているみたい
　③ 終わったよう／終わったみたい　④ しかられたよう／しかられたみたい

（2）① わからないこと／質問　② いい所　③ 知っている人　④ ひまなとき

（3）① 来られますか　② 買える　③ 使えます　④ 食べられます

（4）① 書けるように　② 歩けるように　③ 作れるように
　④ 出られるように

応用タスク

（1）どうでしょうか。／いかがでしょうか。

（2）どう？／どうだろうか。

（3）どう？／どうだろうか。

6課

聞くタスク （1）①　（2）③　（3）②

練習問題

（1）① 受けようと思います／思っています
　② 乗ろうと思います／思っています
　③ 帰ろうと思います／思っています
　④ しよう（休もう）と思います／思っています

（2）① 時間によって　② 会社によって／年によって　③ 場所によって
　④ 店によって

（3）① 勉強しないと／準備しないと　② 聞かないと　③ 見せないと
　④ 入れないと

(4) ① 出すの／届けるの／送るの　② 書くの／読むの　③ 友だちがいないの

④ 山田さんがよく行っていた店で飲み会を開くの

応用タスク

省略

7課

聞くタスク　(1) ②　(2) ②　(3) ①

練習問題

(1) ① もらっても／いただいても　② 休んでも／帰っても

③ 持って帰っても　④ 食べても／いただいても

(2) ① 引っ越すそう　② 安くするそう／値下げするそう　③ できるそう

④ すずしくなるそう

(3) ① 帰らせていただきたいんですが　② 休ませていただきたいんですが

③ とらせていただきたいんですが　④ 行かせていただきたいんですが

(4) ① 予約しておきました　② 買っておきました／買っておいたよ

③ つけておきました　④ 読んでおいて／見ておいて

応用タスク

(1) よろしいですか。　頼まれているんですが。　ありません。

(2) いい？　見せてくれない？　助かる。

8課

聞くタスク　(1)②　(2)①　(3)①

練習問題

(1)① こわそう　② 痛そう　③ よさそうな　④ 読めそう

(2)① むずかしくて　② 小さくて　③ 事故　④ 強くて

(3)① 高すぎ　② 働きすぎる　③ むずかしすぎる　④ 飲みすぎ

(4)① 軽くて丈夫な　② 広くてきれい　③ 近くて、安い

④ 歌が上手でかっこいい

応用タスク

(1)③　(2)②　(3)②　(4)②

9課

聞くタスク　(1)③　(2)②　(3)②

練習問題

(1)① 待ってもらえますか　② とってもらえますか　③ 食べてもらえますか

④ 書いてもらえますか

(2)① 夜早く寝るのが一番です　② いっしょに温泉に行ったらどうですか

③ ちょっといいお店にしたらどうですか

④ 日本の会社についていろいろ調べるといいですよ

(3)① 行けないって／参加しないって／来られないって　② 3時ごろになるって

③ きびしい人だって　④ B会議室って／9時からって

(4)① はってありますよ　② 書いてある

③ 話してあります／報告してあります　④ 注文してあります

応用タスク

（1）チェックしてもらえますか。

（2）見せていただけますか。

（3）調べて。／調べてもらいたいんだけど。

（4）手伝って。／手伝ってもらえる？

（5）同席してもらえませんか。／同席していただけませんか。

10課

聞くタスク　（1）②　（2）①　（3）①

練習問題

（1）① お送りします　② お呼びします　③ お持ちします
　④ お返しします／お返しする

（2）① 連絡したらいいか　② 聞いたらいいか　③ 持っていったらいいか
　④ 申し込んだらいいか

（3）① あの　② それ　③ あの　④ この

（4）① 知っているはず　② 来るはず／着くはず　③ 届いているはず
　④ 空いているはず

応用タスク

（1）① はい、わかりました。　② OK。／うん、わかった。

（2）① えーっと、　② えーっと、

（3）すみません。

（4）ごめん。

11課

聞くタスク　(1) ②　(2) ②　(3) ①

練習問題

(1) ① がんばっていき／続けていき　② 上がっていく　③ 増やしていき
　④ 減っていく

(2) ① わかりやすかっ　② 使いやすい　③ 飲みやすい
　④ はきやすく／歩きやすく

(3) ① たくさんの料理がありました　② 笑いました　③ 取れる
　④ プレゼンができる／スピーチができる

(4) ① 上司として　② 留学生として　③ 日本語を教えています
　④ 約束の時間におくれないこと

応用タスク

省略

12課

聞くタスク　(1) ②　(2) ②　(3) ①

練習問題

(1) ① 3時半までに　② 今日の5時までに　③ やせたいんだ
　④ 会社を作りたいです

(2) ① 出なくちゃいけない／出なきゃいけない
　② 行かなくちゃいけない／行かなきゃいけない
　③ 参加しなくちゃいけないんです／参加しなきゃいけないんです
　④ 買わなくちゃいけない／買わなきゃいけない

(3) ① (コピー) しましょうか　② 作りましょうか／しましょうか
　③ 買ってきましょうか　④ 電話しましょうか

（4）① 天気がよけれ　② 毎日少しずつ勉強すれ

③ 9時半に出れ／30分前に出れ　④ 地図を見れ

応用タスク

省略

13課

聞くタスク　（1）①　（2）①　（3）②

練習問題

（1）① 行っていた　② ドーナツを食べていた　③ 読んでいました

④ 怒られていました

（2）① ばかり飲んでいる　② 字ばかり　③ アニメばかり見ていて

④ タンさんばかり

（3）① 勉強しませんか　② いらっしゃいませんか

③ いっしょに行きませんか　④ 休みませんか

（4）① もどる（もどられる）ことになっています　② 行くことになっています

③ 車でいらっしゃることになっています　④ 担当することになっています

応用タスク

（1）引き受けなければなりません。

（2）持っていかないでください。

（3）調べておきなさい。

（4）あまりいい考えではありません。

（5）9時からではないんですね。

（6）タンさんがいいと思います。

14課

聞くタスク　（1）③　（2）②　（3）②

練習問題

（1）① やめることになりました　② 国に帰ることになりました

③ 行くことになった　④ 働くことになりました

（2）① わからなくて　② 買えなくて　③ 行けなくて

④ 覚えられなくて／わからなくて

（3）① 行ったこと　② 聞いたことがありません　③ 使ったことがあります

④ いらっしゃったことがありません

（4）① 見ていただいた　② 直していただいて　③ 教えていただいています

④ 送っていただきました

応用タスク

省略

聞くタスク スクリプト

1課　4月　新任のあいさつ

01

聞くタスクです。

ダットさんは、ベトナムの大学でIT（アイティー）の勉強をしました。

4月に日本のIT（アイティー）企業であるYMY（ワイエムワイ）ソリューションズに入りました。

今日は会社に初めて行く日です。

みんなの前で自己紹介をします。

そのあと、みんなからの質問に答えます。

次の質問に答えてください。

（1）ダットさんは、大学で何を勉強しましたか。

① 日本語　② ビジネス　③ IT

（2）ダットさんは、何の会社で働きますか。

① 電話の会社　② ITの会社　③ ホテルサービスの会社

（3）ダットさんはこれから何をしますか。

① 自己紹介をします　② みんなに質問をします

③ インターネットをします

2課　4月　電話がこわい

03

聞くタスクです。

ときどき会社に電話がかかってきますが、ダットさんは電話に出ません。

電話の日本語はむずかしいからです。でも、課長はダットさんに言います。

「ダットさん、電話に出てください。電話になれてください。」

今日も電話が鳴りました。ダットさんは、電話に出たくないのでトイレに行きました。

次(つぎ)の質問に答えてください。

（1）ダットさんは、どうして電話に出ないのでしょうか。

① 電話になれているから　② 課長(かちょう)が出なくていいと言ったから

③ 電話の会話はむずかしいから

（2）課長(かちょう)はダットさんに、何と言いましたか。

① 電話に出てください　② 電話に出なくていいです

③ 電話を取(と)らないでください

（3）ダットさんは、どうしてトイレに行ったのでしょうか。

① 行きたかったから　② 課長(かちょう)に言われたから　③ 電話に出たくないから

3課(か)　5月　ミスをして謝(あやま)る  06

聞くタスクです。

5月になりました。

ダットさんは、少し仕事になれてきました。

でも、昨日(きのう)、ちがう人にメールを送ってしまいました。

今日、ミスがわかったので、すぐにメールで謝(あやま)りました。

初(はじ)めてミスをしたので、落(お)ち込(こ)みました。

次(つぎ)の質問に答えてください。

（1）ダットさんはどんなミスをしましたか。

① メールをちがう人に出しました　② メールを送りませんでした

③ メールを読みませんでした

（2）ミスがわかったあとすぐに、ダットさんは何をしましたか。

① 謝(あやま)りに行きました　② 謝(あやま)りに来てもらいました

③ メールを送りました

（3）ダットさんは、ミスをしてどんな気持ちになりましたか。

① びっくりしました　② 落ち込みました　③ 困りました

4課　6月　仕事が山積み  08

聞くタスクです。

6月になりました。

ダットさんは大学でプログラミングの勉強をしたので、仕事には自信があります。

たくさん仕事をしたいと思っています。

でも、日本語がちょっとむずかしくて、時間がかかります。

仕事がだんだんたまってきました。

困ったダットさんは、オウさんに仕事を手伝ってほしいとお願いしました。

次の質問に答えてください。

（1）ダットさんは、どうして困っていますか。

① 仕事がたまっているから　② 仕事がないから　③ 仕事が少ないから

（2）仕事に時間がかかるのはどうしてですか。

① プログラムがむずかしいから　② 日本語がむずかしいから

③ 自信がないから

（3）ダットさんは何をしましたか。

① オウさんの仕事を手伝いました　② オウさんに手伝いを頼みました

③ オウさんに手伝いを頼まれました

5課　7月　飲みニケーション  12

聞くタスクです。

7月、日本は夏で、暑い日が続いています。

このごろダットさんは少し元気がありません。疲れているようです。

先輩のオウさんと石川さんが、お酒を飲みにさそいました。

ダットさんは、日本の居酒屋に行ったことがありません。

やさしい先輩にいろいろな話をしました。

次の質問に答えてください。

（1）ダットさんは、このごろどんな様子ですか。

① 元気です　② 元気ではありません　③ 元気なようです

（2）だれがダットさんを飲みにさそいましたか。

① オウさん　② 石川さん　③ オウさんと石川さん

（3）ダットさんはよく居酒屋に行きますか。

① よく行きます　② 行ったことがありません　③ あまり行きません

6課　8月　夏休みはいつ取る？  14

聞くタスクです。

日本には夏に「お盆」という行事があります。お盆は昔の人たちを思い出す日です。お盆は地方によって日にちがちがいます。東京は7月ですが、多くの地方は8月です。それで、東京でも、地方と同じ8月13日から16日ごろをお盆休みにする会社や店が多いです。

小学校や中学校の夏休みは、たいてい7月20日ごろから8月31日ごろまでなので、お盆休みに家族旅行をする人もいます。

ダットさんの会社にはお盆休みはありません。その代わりに、それぞれ好きなときに夏休みを取ります。

会社では、夏休みの日程について、みんなが話し合っています。

次の質問に答えてください。

（1）東京のお盆は何月ですか。

① 7月　② 8月　③ 9月

（2）東京の会社のお盆休みが8月なのはどうしてですか。

① 小学校や中学校が夏休みだから　　② 家族旅行をするから

③ 多くの地方でお盆は8月だから

（3）ダットさんの会社の社員はいつ夏休みを取りますか。

① 全員お盆に夏休みを取ります

② それぞれ取りたいときに夏休みを取ります

③ 夏休みはありません

7課　9月　いとこを空港まで迎えに  17

聞くタスクです。

9月になりました。

ダットさんのいとこが、日本に留学することになりました。小さいころから、兄と妹のように、いっしょに遊んでいました。まだ日本語ができないので、日本語学校で1年間日本語を勉強してから大学に行きたいそうです。

いとこが成田空港に着くのは、木曜日の午後4時です。ダットさんは、空港までいとこを迎えに行きたいので、課長に午後2時に早退したいと頼みました。

次の質問に答えてください。

（1）ダットさんは成田空港にだれを迎えに行きますか。

① 妹　　② いとこ　　③ 大学生

（2）その人は、日本でまず何をしますか。

① 大学に行きます　　② 日本語を勉強します　　③ 仕事をします

（3）ダットさんは何時に帰りたいと思っていますか。

① 午後2時　　② 午後3時　　③ 午後4時

8課　10月　食欲の秋  19

聞くタスクです。

10月になりました。

秋はおいしい食べものがたくさんあります。

おいしいものをいろいろ食べると、夏の暑さで疲れた体が元気になります。

ダットさんは会社に社員食堂がないので、毎日コンビニで昼ご飯を買います。

大きな会社に就職した友だちは、社員食堂が安くておいしいと言っています。

ダットさんは、会社に社員食堂がないのが不満です。昼休みにオウさんと話しました。

次の質問に答えてください。

（1）秋になると、どうして体が元気になりますか。

① レストランが新しい料理を出すから

② おいしいものがいろいろ食べられるから

③ 冬の前に食べるから

（2）ダットさんはいつも昼ご飯をどうしていますか。

① コンビニで買います　② 近くの食堂で食べます

③ 弁当を持ってきます

（3）ダットさんが不満に思っているのはどんなことですか。

① 社員食堂がないこと　② 社員食堂がおいしくないこと

③ 会社の近くに食堂がないこと

9課　11月　旅行に行くなら  21

聞くタスクです。

営業部の北山さんはダットさんと同じ入社1年目の社員です。夏休みを取らなかったので、秋の連休に3泊4日でベトナムに行くことにしました。

大学時代の友だち2人といっしょに行きます。

飛行機とホーチミンのホテルは予約しました。ホーチミンで何をするか考えているところです。

観光はしたいです。女子旅なので、エステや買いものもしたいです。

昼休みに、ダットさんにアドバイスをもらうことにしました。

次の質問に答えてください。

（1）北山さんはどんな人ですか。

① ダットさんと同じ仕事をしている人です　② ダットさんの先輩です

③ ダットさんと同じときに入社した人です

（2）北山さんはいつベトナムに行きますか。

① 夏休み　② 秋の連休　③ 冬休み

（3）北山さんは何日間、旅行をしますか。

① 3日　② 4日　③ 5日

10課　12月　忘年会の幹事  23

聞くタスクです。

12月は1年の終わりです。それで「1年間よくがんばりました。大変だった1年をわすれましょう」という意味で、いろいろな所で忘年会が開かれます。

ダットさんの会社でも、同じ課の人たちが集まり、お酒を飲みながら食事をします。

毎年、その年に入社した社員が忘年会の幹事をします。

幹事は、場所を決めたり、課の人たちに連絡をしたりします。

ダットさんは初めてなので、どうしたらいいかわかりません。オウさんに忘年会の店についていろいろ聞きました。

次の質問に答えてください。

（1）忘年会にはどんな意味がありますか。

① 楽しかったことをわすれましょう　② 大変だったことをわすれましょう

③ がんばったことをわすれましょう

（2）ダットさんの会社では忘年会をしますか。

① します　② しません　③ 年によってちがいます

（3）忘年会の幹事は何をしますか。

① 店を決めます　② 料理をします　③ 飲みものを買います

11課　1月　新年のあいさつ  25

聞くタスクです。

日本では、12月の終わりから1月の初めまで、学校や役所などが休みになります。
この年末年始の休みに、正月の準備をして新しい年を迎えます。
日本では、1月1日から3日を正月三が日と呼びます。
ダットさんの会社は12月28日から1月4日まで休みでした。
日本で初めての正月だったので、ダットさんは有名な神社に行きました。
着物を着ている人もいて、いつもの東京とちがうと思いました。
1月5日は今年初めての仕事でした。久しぶりに会社の人たちに会って休みについて話しました。

次の質問に答えてください。

（1）日本の正月はいつですか。

① 12月　② 1月　③ 2月

（2）ダットさんの会社はいつからいつまで休みでしたか。

① 12月27日から1月4日まで　② 12月28日から1月4日まで

③ 12月28日から1月8日まで

（3）ダットさんは正月に何をしましたか。

① 神社に行きました　② 会社の人に会いました　③ 仕事をしました

12課　2月　雪による交通マヒ  27

聞くタスクです。

石川さんは会社から近い所に住んでいるので、会社まで自転車で10分で来られます。

でも、ルースさんの家は会社から遠くて、電車で1時間以上かかります。

今は仕事が忙しくて残業も多いので、家が遠いルースさんは疲れているようです。

天気予報によると、明日の東京は大雪だそうです。東京は大雪のときは電車がよく止まります。石川さんはルースさんのことが心配です。

次の質問に答えてください。

（1）石川さんは何に乗って会社に来ますか。

　① 自動車　② 自転車　③ 電車

（2）天気予報は明日の天気について何と言っていますか。

　① 大雨が降る　② 大雪が降る　③ 電車が止まる

（3）ルースさんはどうして疲れているのでしょうか。

　① 残業が多いから　② 自転車で来るから　③ 電車が止まったから

13課　3月　趣味も大切  31

聞くタスクです。

ダットさんは小さいときからアニメが大好きで、日本のことはアニメで知りました。

毎年3月には東京でアニメフェアが行われます。前から、日本の会社に就職したら行こうと決めていました。

営業部の北山さんもアニメが好きだそうです。

チケットを2枚買ったので、北山さんをさそうことにしました。

次の質問に答えてください。

（1）ダットさんは日本について何で知りましたか。

　① アニメ　② ドラマ　③ ニュース

（2）北山さんは会社のどこで仕事をしていますか。

① 営業部　② 総務部　③ 事業部

（3）ダットさんは、これから何をしますか。

① アニメフェアのチケットを買います

② アニメフェアに北山さんをさそいます

③ アニメフェアを宣伝します

14課　3月　上司の転勤  33

聞くタスクです。

日本では会社や学校の1年は、4月に始まり、次の年の3月に終わることが多いです。そのため、支店がある会社で働く人は、4月の初めに働く場所が変わることがよくあります。それを「転勤」と呼びます。転勤は3月の終わりに発表されることが多いようです。

ダットさんの会社では、村山課長が大阪に転勤することが決まりました。新しい課長は仙台から来るそうです。

次の質問に答えてください。

（1）転勤というのは、どういう意味ですか。

① 長い休みを取ること　② 会社をやめること　③ 働く場所が変わること

（2）日本で、転勤が多いのはいつですか。

① 3月の初め　② 4月の初め　③ 4月の終わり

（3）村山課長はどこに転勤しますか。

① 東京　② 大阪　③ 仙台